W9-CQU-091

3   20476

Conversation in German:
POINTS OF DEPARTURE

PETER   FRANK
BONNELL and SEDWICK
Rollins College

D. VAN NOSTRAND COMPANY

New York Cincinnati Toronto London Melbourne

Illustrations by Cary

D. Van Nostrand Company Regional Offices:
New York Cincinnati Millbrae

D. Van Nostrand Company International Offices:
London Toronto Melbourne

Copyright © 1969 by Litton Educational Publishing, Inc.
ISBN: 0-442-20723-9

All rights reserved. No part of this work covered by
the copyright hereon may be reproduced or used in
any form or by any means—graphic, electronic, or
mechanical, including photocopying, recording, tap-
ing, or information storage and retrieval systems—
without written permission of the publisher. Manufac-
tured in the United States of America.

Published by D. Van Nostrand Company
450 West 33rd Street, New York, N.Y. 10001

10   9   8

Preface

Conversation in German: Points of Departure is designed for conversation and composition on either the intermediate or advanced level. We expect that both of these levels will find the artist's originality refreshing; we trust they will find the textual material useful as well as intelligible. The difference between levels will lie in the degree of sophistication of the student's responses: the advanced student should exhibit greater control of structure, more mature syntax, a richer vocabulary, a more lively imagination, and in general keener tools of self-expression.

There are fifty scenes, grouped arbitrarily. They cut across as many social strata and cover as many everyday necessities as possible, most of them with types of people and situations credible equally for the home country as for the country whose language the student is studying. Where differences in custom exist, many of these will be either evident in the picture itself or noted in the textual material; the instructor may well supply others.

Flexibility and simplicity are the keynote of this book. Begin anywhere. Skip around among the lessons, backward or forward, as you wish. There is no progressive degree of difficulty; no lesson depends on any other lesson; and the specific vocabulary for each scene is self-sustaining for that lesson; hence there is no need for a vocabulary at the end of the book. Omit whatever you wish: a class of women students will have little use for barbershop terminology, while a male class can hardly be stimulated by the parlance of a beauty parlor. It is even possible to utilize portions of two or three lessons for a given assignment. In general, however, one scene and its paraphernalia, if pursued in their entirety, are sufficient preparation for a one-hour class.

Since this book is designed for use beyond the beginning level, it is assumed that the student knows the basic grammar and has at his command a fundamental vocabulary (although an appendix of numbers, verb tenses, and irregular verbs is useful at any level, and so included here). The commonest adjectives, adverbs, interrogatives, and all the prepositions are taken for granted. Though not necessary, it might be helpful if the student had his own dictionary for working from English to German.

The title of the book with its reference to "points of departure" suggests the expansive way in which the various scenes should be used. The repetitiousness of the pattern drill and the contrived dialog are eschewed in favor of free and inventive responses to pictorial suggestion. The only novelty lies in the emphasis of the interrelationships of people and objects and situations, all as modern and universal and youth-oriented as possible and cast into a series of questions whose ultimate aim is to expand conversations from, rather than limit them to, the picture at hand.

Each lesson has a picture, a word list pertinent to that picture, a set of questions analyzing the picture, a set of "points of departure" questions utilizing the given vocabulary but not necessarily the picture, and three suggested topics for discourse.

The word list will always include three groupings in this order: (1) verbs; (2) nouns; (3) other words and expressions. Every word in the list is used somewhere in the questions or its use is occasioned somewhere in the answers.

With the exception of the common words, all questions use only the vocabulary of their own lesson, as does the simplest form of their possible replies. The questions will always total twenty, sometimes equally divided between the two types, but not always so. No question is answerable only by *yes* or *no*, though many of the first set of questions can be answered briefly. The "points of departure" questions require more thoughtful replies, in many cases rather detailed ones. Preparation of the responses to the questions may be either written or oral but should be done outside the classroom, where activity should be oral.

Additional questions will occur to the instructor as the class is in progress, for it is through spontaneous repartee that the ultimate aim of this book is accomplished.

The three topics for written or oral discourse may be corrected either orally in class or handed to the instructor for individual annotation. Each student would choose one theme, because not all of the three topics in any given lesson will appeal to or be answerable by everybody. Of the three topics there will always be at least one which requires little imagination or linguistic accomplishment, but at least one other is calculated to challenge the ingenuity of the best student. The list of words of any given lesson will normally be sufficient to meet the needs of at least one of these themes. Themes written in the first person do not necessarily have to be true, for at all times the student is urged to combine imaginative inventiveness with linguistic skills and the vocabulary at his disposal.

P. B.
F. S.

Inhaltsverzeichnis

An den Studenten

Nachstehend finden Sie eine Liste von Wörtern, die in den folgenden Lektionen oft vorkommen. Sie werden hier angegeben, um allzu häufige Wiederholung zu vermeiden. Viele dieser Wörter kennen Sie bereits. Sollten Sie sie noch nicht kennen, dann ist es ratsam, sie jetzt zu lernen, denn sie werden in keiner der Wortlisten angegeben. Weiterhin ist es empfehlenswert, die Zeitformen der Verben, die häufigsten unregelmäßigen Verben und die Zahlen zu wiederholen, die alle im Anhang zu finden sind.

aufbewahren to keep
(aus)wählen to choose, to select
bedeuten to mean
sich befinden to be located
behalten to keep
benützen to use
beschreiben to describe
(be)zahlen to pay
erklären to explain
erwarten to expect
essen to eat
gebrauchen to use
gefallen to like, to please
gern haben to like
sich (hin)setzen to sit down
hoffen to hope
kaufen to buy
kosten to cost
lesen to read
meinen to mean
mögen to like
nennen to name
scheinen to seem, to appear
schreiben to write
stattfinden to happen, to take place
tragen to wear; to carry
trinken to drink
verkaufen to sell
vorziehen to prefer
wollen to want

die Ähnlichkeit similarity
die Art kind, type, class
der Artikel article
die Beschreibung description
das Bild picture
das Ding thing, object
der Gegenstand object
der Hintergrund background
der Junge boy
das Kind child
das Mädchen girl

die Nacht night
der Nachteil disadvantage
der Ort place
die Person person
die Pflicht duty
der Platz place
das Problem problem
der Tag day
der Vorteil advantage
der Vordergrund foreground
der Weg way
die Zeichnung drawing
der Zweck purpose

ähnlich similar
amerikanisch American
alt old
beziehungsweise (*bzw.*) respectively
europäisch European
groß large
heiß hot
heute today
hinten (*adv.*) behind
hinter (*Dat.*) behind
im allgemeinen in general
inwiefern in what respect
jung young
kalt cold
klein small
langsam slow
leicht easy
links left
neu new
normal usual
normalerweise usually
rechts right
schnell fast
schwer hard (*difficult*)
typisch typical
unter under
vor (*Dat.*) in front of
vorne (*Adv.*) in front of

to dial a number **eine Nummer wählen**
to telephone (call, make a call) **telefonieren (anrufen, einen Anruf machen)**
to dial direct **direkt wählen**
to call "collect" **ein „R"-Gespräch anmelden (,,R"-*Gespräch = Rück-Gespräch*)**
to call long distance (*via operator*) **ein Ferngespräch anmelden**
to make a long-distance call **ein Ferngespräch führen**
to accept the charges **die Gebühren (*eines Ferngesprächs*) übernehmen**
to pick up the receiver **den Hörer abnehmen**
to hang up **abhängen**
to cut off **unterbrechen**
to ask (*a question*) **fragen, eine Frage stellen**

to ask (*make a request*) **bitten**
to prefer **vorziehen**

telephone **das Telefon, der Fernsprecher**
receiver **der Hörer**
pay (public) telephone **der öffentliche Fernsprecher**
telephone call **der (Telefon)anruf**
local call **das Ortsgespräch**
long distance **Fern-...**
station-to-station call **das Ferngespräch ohne Voranmeldung**
person-to-person call **das Ferngespräch mit Voranmeldung**
operator (*long distance*) **die Telefonistin (*im Fernamt*)**
operator (*local*) **die Telefonistin (*am selben Ort*)**
information **die Auskunft**
telephone booth **die Telefonzelle**

telephone bill **die Telefonrechnung**
telephone number **die Telefonnummer**
digit **die Ziffer**
area code **die Vorwählnummer**
line (telephone) **die Leitung**
party line **der Gemeinschaftsanschluß**
private line **der Einzelanschluß**
dial tone **das Freizeichen**
switchboard **die Telefonzentrale**
conversation **das Gespräch**
minute **die Minute**
charge **die Gebühr**
minimum charge **die Mindestgebühr**
(*electric*) wire **die elektrische Schnur**

sure **sicher**
hello! **hallo!**
busy **besetzt**
local **hiesig, Lokal-...**

2

Am Telefon

Analyse der Zeichnung

1. Wer hat wen angerufen? Erklären Sie Ihre Antwort!
2. Von was für einem Telefon macht der junge Mann den Anruf?
3. In welcher Hand hält das Mädchen den Hörer? Und der junge Mann? Wo ist die andere Hand des jungen Mannes?
4. Beschreiben Sie das Telefongespräch!
5. An welchem Teil des Hörers ist die elektrische Schnur?

Ausgangspunkte

6. Was ist Ihre Telefonnummer zu Hause?
7. Wie viele Ziffern hat die Vorwählnummer?
8. Warum kostet ein Ferngespräch mit Voranmeldung mehr als ein Ferngespräch ohne Voranmeldung?
9. Wenn Sie nicht direkt wählen können, wen müssen Sie anrufen, um ein Ferngespräch anzumelden?
10. Wieviel kostet ein Ortsgespräch?
11. Wenn Sie eine Nummer gewählt haben und die Leitung besetzt ist, was machen Sie?
12. Was tun Sie, wenn Sie während eines Gesprächs unterbrochen werden?
13. Beschreiben Sie ein Telefonbuch und was darin steht!
14. Ziehen Sie einen Gemeinschaftsanschluß oder einen Einzelanschluß vor? Warum?
15. Was ist eine Telefonzentrale?
16. Was tun Sie, wenn Sie jemand anrufen wollen und die Nummer nicht wissen?
17. Wen kennen Sie, der die Gebühren eines Ferngesprächs übernehmen würde, wenn Sie ihn per ,,R``-Gespräch anrufen würden?
18. Wann hört man das Freizeichen?
19. Wann ist ein Ferngespräch ohne Voranmeldung billiger?
20. Wie viele Minuten können Sie ein Ferngespräch für die Mindestgebühr führen?

Diskussionsthemen

1. Mein Vater und die Telefonrechnung.
2. Wie man ein ,,R``-Gespräch anmeldet.
3. Ein Telefongespräch.

to listen (*to*) **hören, anhören**	notebook **das Heft; das Notizbuch**	guitar **die Gitarre**
to play **spielen**	pencil **der Bleistift**	watch **die Uhr**
to study **studieren, lernen**	poster **das Plakat**	bed **das Bett**
to live **wohnen, leben**	key **der Schlüssel**	blanket **die Decke**
to sit **sitzen**	key ring **der Schlüsselring**	wall **die Wand**
to smoke **rauchen**	cigarette **die Zigarette**	window **das Fenster**
to ski **Ski laufen, Ski fahren**	cigarette butt **der Zigarettenstummel**	window sill **die Fensterbank**
	pack (*of cigarettes*) **das Päckchen, die Schachtel**	ski **der Schi**
room **das Zimmer, der Raum**		winter **der Winter**
dormitory **das Studentenheim**	(*cigarette*) lighter **das Feuerzeug**	snow **der Schnee**
roommate **der Zimmerkollege**	ash tray **der Aschenbecher**	life **das Leben**
bookcase **das Buchregal**	radio **das Radio**	time **die Zeit**
bookshelf **das Bücherbrett**	lamp **die Lampe**	arm **der Arm**
desk **der Schreibtisch**	light **das Licht**	
book **das Buch**	bottle **die Flasche**	just (now) **gerade**
		typical **typisch**

Zimmerkollegen

Analyse der Zeichnung

1. Welcher der zwei Zimmerkollegen lernt gerade?
2. Welcher Zimmerkollege spielt Gitarre?
3. Was liegt auf dem Schreibtisch?
4. Was sehen Sie auf der Fensterbank?
5. Was ist neben der Fensterbank?
6. Wer hat einen Bleistift und wo ist dieser?
7. Woher wissen Sie, daß es Nacht und nicht Tag ist?
8. Wo sind die Plakate?   Beschreiben Sie sie!
9. Was tun die beiden Studenten mit ihren Armen?
10. Wer hat eine Uhr und wo ist sie?
11. Woher wissen Sie, daß jemand geraucht hat?
12. Einige Bücher sind auf dem Schreibtisch.   Wo sind noch mehr Bücher?

Ausgangspunkte

13. Können Sie Radio hören und zur gleichen Zeit studieren?   Erklären Sie Ihre Antwort!
14. Wieviel kostet eine Schachtel Zigaretten?
15. Was liegt auf dem Schreibtisch in Ihrem Zimmer?
16. Ziehen Sie es vor, am Tag oder in der Nacht zu studieren?   Warum?
17. Haben Sie Plakate an der Wand Ihres Zimmers?   Beschreiben Sie sie!   Wenn Ihre Antwort „nein" ist, warum haben Sie keine?
18. Können Sie dort, wo Sie wohnen, Ski laufen?   Wenn nicht, warum nicht?
19. Glauben Sie, daß das Bild für ein Zimmer in einem Studentenheim typisch ist?   Warum?   Warum nicht?
20. Beschreiben Sie jemand, den Sie kennen und der Gitarre spielen kann!

Diskussionsthemen

1. Das Leben im Studentenheim.
2. Mein Zimmer im Studentenheim.
3. Wie man (nicht) studieren soll.

to hang (*intrans.*) **hängen**	desk **der Schreibtisch**	curtain **die Gardine, der Vorhang**
to hang (*trans.*) **aufhängen**	envelope **der Umschlag, der Brief-**	lamp **die Lampe**
to mark the hem **den Saum abstecken**	**umschlag**	window **das Fenster**
to put up (*one's hair*) **aufrollen**	stationery **das Briefpapier**	floor **der (Fuß)boden**
to dry **trocknen**	letter **der Brief**	coeds' dormitory **das Wohnheim**
to measure **messen, abmessen**	dress **das Kleid**	**für Studentinnen**
to need **brauchen, benötigen**	hem **der Saum**	room (*habitation*) **das Zimmer**
to wear **tragen**	shoe **der Schuh**	room (*space*) **der Raum; der Platz**
to remember **sich erinnern**	sandal **die Sandale**	space, spacing **der Abstand**
to obtain **bekommen, erhalten**	object **der Gegenstand**	photograph **die Fotografie**
to look at **ansehen, anschauen**	(*women's*) slacks **die (Damen)hose(n)**	bulletin board **das Anschlagbrett**
	stockings **die Strümpfe**	doll **die Puppe**
meter **der Meter**	coat hanger **der Kleiderbügel**	mouth **der Mund**
centimeter **der Zentimeter**	hair **das Haar**	foot **der Fuß**
yard **das Yard**	curler **der Lockenwickler**	life **das Leben**
yardstick **das Metermaß**	pin **die Nadel**	
inch **der Zoll**	pin box **die Nadeldose**	useful **nützlich, praktisch**
roommate **die Zimmerkollegin**	mirror **der Spiegel**	tall **groß**
phonograph **der Plattenspieler**	door **die Tür**	flat **flach**

Zimmerkolleginnen

Analyse der Zeichnung

1. Woran erkennen Sie, daß eins der Mädchen einen Brief geschrieben hat (oder einen schreiben wird)?
2. Welche Dinge liegen auf dem Schreibtisch?
3. Was macht das Mädchen, das Nadeln im Mund hat?
4. Wo hängt der Kleiderbügel?   Warum hängt er dort?
5. Welches Mädchen trägt flache Sandalen?   Warum trägt das andere Mädchen keine?
6. Was tut das Mädchen, dessen Saum abgesteckt wird?
7. Wie viele Fotografien sehen Sie auf dem Bild und wo sind sie?
8. Welche Gegenstände kann man zwischen der Tür und der Lampe sehen?
9. Warum wurde der Stuhl unter den Schreibtisch gestellt?
10. Warum liegt die Nadeldose auf dem Boden?
11. Welches der Mädchen trägt Hosen?   Warum?
12. Wozu wird das Metermaß benutzt?

Ausgangspunkte

13. Wozu dient ein Anschlagbrett?
14. Glauben Sie, daß dieses Bild typisch für ein Zimmer in einem Wohnheim für Studentinnen ist?   Warum?   Warum nicht?
15. Nur für Mädchen: Wie viele Nadeln brauchen Sie, um den Saum eines Kleides abzustecken?   Wieviel Abstand lassen Sie zwischen den Nadeln?
16. Nur für Mädchen: Wie lange brauchen Sie, um Ihre Haare auf Lockenwickler aufzurollen?
17. Wann und an wen schreiben Sie Briefe?
18. Wieviel Zoll hat ein Fuß; wieviel Fuß hat ein Yard?
19. Wie groß sind Sie?
20. Wie groß sind Sie in Metern und Zentimetern?   (1 Meter = 3,28 Fuß; 1 Zentimeter = 0,39 Zoll).

Diskussionsthemen

1. Mein Zimmer im Wohnheim für Studentinnen.
2. Das Leben mit meiner Zimmerkollegin.
3. Wie man einen Saum absteckt.

7

to register for a course (*series of lectures*) **eine Vorlesung belegen**	college, university **die Hochschule, die Universität**	architecture **die Architektur**
to lecture **eine Vorlesung halten**	high school **die Oberschule, die höhere Schule, das Gymnasium**	engineering **das Ingenieurwesen**
to demonstrate **vorführen, demonstrieren**	course **der Kurs, der Kursus**	literature **die Literatur**
to teach **lehren, unterrichten**	instruction, teaching **der Unterricht**	writer **der Schriftsteller**
to take notes **sich Notizen machen**	class **die (Unterrichts)stunde**	building **das Gebäude**
to study **studieren, lernen**	classroom **das Klassenzimmer**	bridge **die Brücke**
to pass **bestehen, durchkommen** (*intrans.*)	lecture **die Vorlesung, das Kolleg(ium)**	table **der Tisch**
to fail **durchfallen** (*intrans.*)	lecture hall **der Hörsaal**	face **das Gesicht**
to be interested (in) **sich interessieren (für)**	bench **die Bank**	glasses **die Brille**
to interest **interessieren**	blackboard **die Tafel**	
to differ **sich unterscheiden**	chalk **die Kreide**	Spanish **spanisch**
	model **das Modell**	English **englisch**
student **der Student, die Studentin**	anatomy **die Anatomie**	German **deutsch**
professor **der Professor, die Professorin**	lecture hall for anatomy **der Anatomiesaal**	French **französisch**
	skull **der Schädel**	high **hoch**
		low **niedrig**
		right-handed **rechtshändig**
		left-handed **linkshändig**

Der Hörsaal

Analyse der Zeichnung

1. Wer trägt auf den Bildern eine Brille?
2. Woher wissen Sie, welches die Anatomievorlesung ist?
3. Was tut der Professor in dem Hörsaal, in dem das Modell eines Gebäudes auf dem Tisch steht?
4. Wer führt eine Brücke vor?
5. Was lehrt die Professorin?
6. In welchen zwei Bildern kann man die Gesichter der Studenten nicht sehen?
7. Warum können wir das Gesicht des Professors, der über Architektur spricht, nicht sehen?
8. Wie unterscheiden sich die Bänke im Anatomiesaal von denen im Hörsaal für Ingenieurwesen?
9. In welchem Kolleg sehen Sie die wenigsten Studenten?
10. Welche der vier Vorlesungen würde Sie am meisten interessieren? Warum?
11. Welche der Personen scheint linkshändig zu sein?

Ausgangspunkte

12. Wer ist Shakespeare?
13. Was gefällt Ihnen als Student (als Studentin) am besten?
14. Was gefällt Ihnen als Student (als Studentin) am wenigsten?
15. Womit schreibt man an die Tafel?
16. Wann macht man sich Notizen?
17. Was ist der Unterschied zwischen einem Klassenzimmer und einem Hörsaal?
18. Würden Sie gerne Professor werden? Wenn ja, warum? Wenn nicht, warum nicht?
19. Nennen Sie einige Unterschiede zwischen einer Oberschule und einer Universität!
20. Wie viele Vorlesungen haben Sie belegt? Nennen Sie zwei davon!

Diskussionsthemen

1. Warum ich in diesem Kurs nicht durchfallen will.
2. Beschreiben Sie Ihre Lieblingsvorlesung!
3. Wie man ohne Studieren durchkommt.

to leave (*trans.*) **verlassen**	librarian **der Bibliothekar, die Bibliothekarin**	sweater **der Pullover**
to leave, go away (*intrans.*) **weggehen, wegfahren**	magazine **die Zeitschrift**	glasses **die Brille**
to exhibit **ausstellen**	book **das Buch**	shoe **der Schuh**
to read **lesen**	bookshelf **das Bücherregal, das Bücherbrett**	foot **der Fuß**
to study **studieren, lernen**		hair **das Haar**
to look at **ansehen, anschauen**	rack (*newspapers*) **das Zeitungsregal**	room **das Zimmer**
to browse **durchfliegen**	table **der Tisch**	
to sit (down) **sich setzen, sich hinsetzen**	chair **der Stuhl**	long **lang**
to stand **stehen**	paper **das Papier**	short **kurz**
to stand up, get up **aufstehen**	brief case **die Aktentasche**	usually **normalerweise**
to carry **tragen**	student **der Student, die Studentin**	recently **unlängst, kürzlich**
to use **gebrauchen, benützen**	co-ed **die Studentin**	yesterday **gestern**
	professor **der Professor, die Professorin**	quiet **ruhig**
library **die Bibliothek**	skirt **der Rock**	

10

Die Bibliothek

Analyse der Zeichnung

1. Wie viele Leute können Sie auf dem Bild sehen?
2. Was tun die meisten Studenten?
3. Wer geht gerade weg?
4. Wer hat langes Haar?   kurzes Haar?   fast kein Haar?
5. Wer trägt eine Brille?
6. Wo sind die meisten Bücher?
7. Woher wissen Sie, daß es eine Bibliothek ist?
8. Was können Sie unter dem Tisch sehen?
9. Beschreiben Sie die Studentin im Vordergrund!
10. Was macht das Mädchen am Zeitungsregal?

Ausgangspunkte

11. Was ist eine Bibliothek?
12. Haben Sie eine Aktentasche?   Wozu gebrauchen Sie sie?
13. Tragen Studentinnen ihre Bücher im allgemeinen anders als Studenten?   Warum?
14. Wo können Sie normalerweise besser studieren, in der Bibliothek oder in Ihrem Zimmer?
15. Beschreiben Sie, was Sie von dort, wo Sie sitzen, sehen können!
16. Warum werden Zeitschriften in der Bibliothek anders als Bücher ausgestellt?
17. Was bedeutet „durchfliegen"?
18. Beschreiben Sie die Bibliothek in Ihrer Schule!
19. Warum darf man nicht in Bibliotheksbücher schreiben?
20. Nennen Sie einige Unterschiede zwischen einem Buch und einer Zeitschrift!

Diskussionsthemen

1. Was man in einer Bibliothek sieht.
2. Als ich gestern die Bibliothek verließ, ...
3. Ein gutes Buch, das ich kürzlich las.

to check one's coat **seinen Mantel an der Garderobe abgeben**
to dance **tanzen**
to sing **singen**
to stay out late **lange ausbleiben**
to have fun, enjoy oneself **sich (gut) unterhalten, sich (gut) amüsieren**
to play **spielen**
to smile **lächeln**
to laugh **lachen**
to hire, to rent **mieten**
to organize, arrange **veranstalten**

dance **der Tanz**
dance (*evening affair*) **der Tanz-abend**
band **die (Tanz)kapelle**
bandstand **das Podium**
cloak room **die Garderobe**
coat **der Mantel**

refreshments **die Erfrischungen** (*pl.*)
sandwich **das belegte Brot**
tray **das Tablett**
glass **das Glas**
pitcher **der Krug**
intermission **die Pause**
musical instrument **das (Musik)in-strument**
guitar **die Gitarre**
drum **die Trommel**
trumpet **die Trompete**
trombone **die Posaune**
clarinet **die Klarinette**
saxophone **das Saxophon**
phonograph **der Plattenspieler**
(*phonograph*) record **die Schall-platte**
waltz **der Walzer**
rock and roll **der Rock and Roll**
classical music **die klassische Musik**

semi-classical music **die leichte Mu-sik**
popular music **die Schlagermusik**
folk music **die Volksmusik**
country music **die Bauernmusik**
teenager **der Teenager**
partner (*at a dance*) **der Tanz-partner, die Tanzpartnerin**
wall **die Wand**
decorations **die Dekorationen**
mouth **der Mund**
bracelet **das Armband**
reason **der Grund**

ever **jemals**
similar **ähnlich**
happy **glücklich**
obviously **offensichtlich, offenbar**

Der Tanzabend

Analyse der Zeichnung

1. Was für Erfrischungen gibt es und wo sind sie?
2. Wer scheint die glücklichste Person auf dem Bild zu sein und warum?
3. Was ist eine Garderobe?
4. Welche Mädchen tragen Armbänder?
5. Beschreiben Sie, was von der Tanzkapelle zu sehen ist!
6. Woran erkennen Sie, daß die jungen Leute auf dem Bild sich gut amüsieren?
7. Wo sind die Dekorationen?
8. Was für Musik scheint die Kapelle zu spielen?
9. Wer tanzt auf dem Bild nicht?

Ausgangspunkte

10. Wenn Sie mit einem Partner, den Sie nicht gut kennen, zu einem Tanz gehen, worüber können Sie mit ihm sprechen?
11. Wo gibt man seinen Mantel ab?
12. Was ist der Unterschied zwischen einem Walzer und einem Rock and Roll?
13. Was ist ein Podium?
14. Inwiefern sind die Trompete, die Klarinette, das Saxophon und die Posaune ähnliche Instrumente?
15. Was war die längste Zeit, die Sie jemals abends ausgeblieben sind? Wann war das? Was war der Grund?
16. Welches Musikinstrument ist für Volksmusik typisch?
17. Wie lange ist man Teenager?
18. Wie können junge Leute, ohne eine Kapelle zu mieten, einen Tanzabend veranstalten?
19. Was kann man während der Pause tun?
20. Was ist der Unterschied zwischen Volksmusik und Bauernmusik?

Diskussionsthemen

1. Arten der Musik.
2. Was geschieht, wenn ich zu lange ausbleibe.
3. Beschreibung eines Tanzabends für Studenten.

to decide (*trans.*) **entscheiden**
to dominate, control **beherrschen**
to recognize **erkennen**
to get along **auskommen**
to knit **stricken**
to fall asleep **einschlafen**
to sleep **schlafen**
to watch television **ein Fernsehpro-
  gramm ansehen**
to turn on (*a light, TV*) **anstellen**
to turn off (*a light, TV*) **abstellen**
to advertise **werben, annoncieren**

family **die Familie**
father **der Vater**
mother **die Mutter**
son **der Sohn**
daughter **die Tochter**
husband **der (Ehe)mann**
wife **die (Ehe)frau**

relatives **die Verwandten** (*pl. only*)
niece **die Nichte**
nephew **der Neffe**
grandfather **der Großvater**
grandmother **die Großmutter**
brother **der Bruder**
sister **die Schwester**
brother(s) and sister(s) **die Ge-
  schwister** (*pl. only*)
aunt **die Tante**
uncle **der Onkel**
cousin **der Vetter, die Kusine**
home **das Heim, das Zuhause**
furniture **die Möbel** (*pl. only*)
sofa **das Sofa**
armchair **der Sessel**
television **das Fernsehen**
television set **der Fernseapparat**
color television **das Farbfernsehen**
channel **der Kanal**

television program **das Fernsehpro-
  gramm**
commercial **die Werbesendung**
station **die Station**
radio **das Radio, der Rundfunk**
radio (*set*) **der Radioapparat, der
  Rundfunkempfänger**
transistor radio **das Transistorradio**
glasses **die Brille**
slipper **der Pantoffel, der Hausschuh**
lap **der Schoß**
magazine **die Zeitschrift**
time of day **die Tageszeit**
dinner conversation **die Tischun-
  terhaltung**

favorite **Lieblings-...**
related (to) **verwandt (mit)**
at home **zu Hause**

14

Die Familie

Analyse der Zeichnung

1. Welche Tageszeit ist es auf dem Bild?   Woher wissen Sie das?
2. Wer sitzt auf dem Sofa?
3. Was tut die Mutter während sie das Fernsehprogramm ansieht?
4. Beschreiben Sie die Möbel!
5. Was tut der kleine Junge?
6. Was tut der Vater?
7. Wo steht der Fernsehapparat?
8. Woran kann man erkennen, daß der Vater gerade gelesen hat?
9. Was trägt der Vater an seinen Füßen und was hält er in seiner rechten Hand?

Ausgangspunkte

10. Was tun Sie am liebsten, wenn Sie abends zu Hause sind?
11. Was ist der Unterschied zwischen einer Station und einem Kanal?
12. Wie klein kann ein Transistorradio sein?
13. Was ist der Unterschied zwischen einem Sofa und einem Sessel?
14. Was ist eine Radio- oder Fernsehwerbesendung?
15. Wie viele Fernsehapparate haben Sie zu Hause und wo sind sie?
16. Was ist Ihr Lieblingsprogramm und warum?   Wenn Sie kein Lieblingsprogramm haben, was ist der Grund dafür?
17. Wie ist die Schwester Ihres Vaters mit Ihnen verwandt?
18. Wie kommen Sie mit Ihren älteren und jüngeren Geschwistern aus?
19. Wer beherrscht in Ihrer Familie die Tischunterhaltung?
20. Wer entscheidet bei Ihnen zu Hause, welches Fernsehprogramm angestellt wird?

Diskussionsthemen

1. Warum ich Fernsehen im allgemeinen nicht mag.
2. Warum der Vater auf dem Bild eingeschlafen ist.
3. Mein Zuhause und meine Familie.

to live **wohnen**
to own **besitzen**
to rent, to hire **mieten**
to scrub **scheuern**
to dust **abstauben**
to clean (*house*) **reinigen, putzen**
to make the beds **die Betten machen**
to keep (*preserve*) **aufbewahren**
to be occupied (with) **beschäftigt sein (mit)**
to prefer **vorziehen**

house **das Haus**
own home **das Eigenheim**
two-story house **das zweistöckige Haus**
upper floor **das obere Stockwerk**
ground floor **das Erdgeschoß**
cellar, basement **der Keller, das Kellergeschoss**
chimney **der Schornstein**

lightning rod **der Blitzableiter**
attic **der Dachboden**
stairway **die Treppe**
doorway **der Eingang**
wall (*interior*) **die Wand**
wall (*exterior*) **die Mauer**
dining room **das Eßzimmer, das Speisezimmer**
bedroom **das Schlafzimmer**
kitchen **die Küche**
bathroom **das Badezimmer**
apartment **die Wohnung**
"dream house" **das Haus meiner** (*seiner, ihrer, etc.*) **Träume**
corridor **der Korridor**
floor (*story*) **das Stockwerk**
floor (*on which one walks*) **der Fußboden**
furnace **der Ofen**
fireplace **der Kamin**
garbage can **der Mülleimer**

curtain **die Gardine, der Vorhang**
drapes **die Übergardinen, die Übervorhänge**
rug **der Teppich**
furniture **die Möbel** (*pl. only*)
piano **das Klavier**
bureau, chest of drawers **die Kommode**
dining room table **der Speisezimmertisch**
desk **der Schreibtisch**
armchair **der Sessel**
footstool, hassock **der Hocker**
lamp **die Lampe**
trunk **der Koffer**
maid **das Dienstmädchen**
mortgage **die Hypothek**
duty **die Pflicht**

typical **typisch**

16

Das Haus

Analyse der Zeichnung

1. Wie viele Stockwerke hat dieses Haus und wie heißen sie auf Deutsch?
2. Wo sind die Mülleimer?
3. Was sehen Sie auf dem Dachboden?
4. Wo sehen Sie einen Teppich?
5. Warum hat das Haus einen Schornstein?
6. Was sehen Sie noch auf dem Dach?
7. Beschreiben Sie, was Sie im Eßzimmer sehen!
8. Wo ist die Küche?
9. Würden Sie gern in diesem Haus wohnen?   Warum?   Warum nicht?
10. Vor welchem Sessel steht ein Hocker?
11. Wo ist das Badezimmer, das auf dem Bild zu sehen ist?
12. Wo ist die Treppe?
13. Was tut die Frau im oberen Stockwerk?
14. Womit beschäftigt sich der Junge?

Ausgangspunkte

15. Was sind die Pflichten eines Dienstmädchens?
16. Beschreiben Sie einen typischen Dachboden!
17. Warum mieten viele Leute eine Wohnung, anstatt ein Haus zu kaufen?
18. Warum ziehen es viele Leute vor, ein Eigenheim zu besitzen, anstatt eine Wohnung zu mieten?
19. Was bewahrt man im allgemeinen auf dem Dachboden auf?
20. Erklären Sie, was eine Hypothek ist!

Diskussionsthemen

1. Das Haus meiner Träume.
2. Die Zimmer und Möbel eines typisch amerikanischen Hauses.
3. Wie man ein Haus putzt.

to cook   **kochen**
to wash dishes   **Geschirr spülen, abwaschen**
to serve   **servieren**
to pour   **ausschenken**
to be hungry   **hungrig sein**
to eat a meal   **eine Mahlzeit einnehmen**
to cover (up)   **zudecken**
to put (*in a lying position*)   **legen**
to reach   **erreichen**
to reach (for)   **reichen (nach), greifen nach**
to scold   **schimpfen**

kitchen   **die Küche**
stove   **der Herd**
burner   **der Brenner**
back burner   **der hintere Brenner**
front burner   **der vordere Brenner**
oven   **der Backofen**
sink   **der Ausguß**

fan   **der Ventilator**
refrigerator   **der Kühlschrank**
food   **die Eßwaren** (*pl.*)
coffee   **der Kaffee**
coffee pot   **die Kaffeekanne**
bread   **das Brot**
roll   **das Brötchen**
basket   **der Korb**
salad   **der Salat**
salad bowl   **die Salatschüssel**
salt   **das Salz**
pepper   **der Pfeffer**
vinegar   **der Essig**
oil   **das Öl**
bottle   **die Flasche**
casserole   **die feuerfeste Schüssel**
ladle   **die Suppenkelle**
glass   **das Glas**
cork   **der Korken**
fruit   **das Obst**
dishes   **das Geschirr**
plate   **der Teller**

platter   **die Platte**
napkin   **die Serviette**
apron   **die Schürze**
meal   **die Mahlzeit**
dishwashing detergent   **das Spülmittel**
window sill   **die Fensterbank**
flower pot   **der Blumentopf**
closet   **der Schrank**
handle   **der Griff**
housewife   **die Hausfrau**
mother   **die Mutter**
father   **der Vater**
children   **die Kinder**
son   **der Sohn**
daughter   **die Tochter**
people (*persons*)   **die Leute** (*pl. only*)

suitable, appropriate   **geeignet, richtig**
wrong   **falsch**

18

Die Küche

Analyse der Zeichnung

1. Wer scheint am hungrigsten zu sein und warum?
2. Wer schimpft wen?
3. Was hat der Vater in der Hand und was tut er gerade?
4. Was tut die Mutter?
5. Auf welchem Brenner des Herdes steht die Kaffeekanne?
6. Wann wird der Kaffee serviert?   Erklären Sie Ihre Antwort!
7. Welche Dinge sind auf der Fensterbank hinter dem Ausguß zu sehen?
8. Finden Sie, daß der Kühlschrank an der geeignetsten Stelle steht?   Warum? Warum nicht?
9. Warum ist der Griff an der Kühlschranktür an der falschen Seite?
10. Wo ist der Schrank?
11. Wer wird Wein trinken und woher wissen Sie das?
12. Sie können 4 Flaschen auf dem Bild sehen.   Was ist in jeder?
13. Wann wird das Obst gegessen?
14. Beschreiben Sie die Kinder!
15. Warum gibt es mehr Teller als Leute?
16. Woran sehen Sie, daß der Wein noch nicht ausgeschenkt ist?
17. Wo sind das Salz und der Pfeffer?

Ausgangspunkte

18. Warum deckt man Brot oder Brötchen mit einer Serviette zu, wenn man sie aus dem Backofen in einen Korb legt?
19. Wann trägt die Hausfrau eine Schürze?
20. Würden Sie lieber kochen oder spülen?

Diskussionsthemen

1. Das Bild stellt eine amerikanische (europäische) Familie bei der Mahlzeit dar.
2. Die Vorzüge und Nachteile, Mahlzeiten in der Küche einzunehmen.
3. Das Essen in meiner Schule und wie es serviert wird.

to shave (oneself) **sich rasieren**
to brush one's teeth **sich die Zähne putzen**
to turn on the water **das Wasser aufdrehen**
to turn off the water **das Wasser abdrehen**
to take a bath **ein Bad nehmen**
to take a shower **eine Brause nehmen, sich brausen**
to dry oneself **sich abtrocknen**
to run (water) **(Wasser) laufen lassen**
to splash **spritzen**
to wash oneself **sich waschen**
to live **wohnen, leben**
to use **benützen, benutzen**
to wear **tragen**
to serve (to, as) **dienen (zu)**
to recognize **erkennen**
to assume **annehmen**
to prefer **vorziehen**

to point (to), hint (at) **hindeuten (auf)** (*Acc.*)

bathroom **das Badezimmer**
bathrobe **der Bademantel**
washcloth **der Waschlappen**
towel **das Handtuch**
towel rack **der Handtuchhalter**
sink **das Waschbecken**
faucet, spigot **der Wasserhahn**
soap **die Seife**
toothbrush **die Zahnbürste**
toothpaste **die Zahnpasta**
(electric) razor **der (elektrische) Rasierapparat**
straight razor **das Rasiermesser**
shaving cream **die Rasierseife, die Rasiercreme**
toilet **die Toilette**
bidet **das Bidet**
bath **das Bad**
bathtub **die Badewanne**

shower **die Brause, die Dusche**
shower curtain **der Brausevorhang**
dressing-table **der Toilettentisch**
mirror **der Spiegel**
toiletries **die Toilettenartikel** (*pl.*)
ceiling **die Decke**
floor **der Fußboden**
glass shelf **das Glasbrett**
(*electrical*) outlet **die Steckdose**
plug **der Stecker**
(electric) cord **die (elektrische) Schnur**
ventilation **die Entlüftung**
pajamas **der Schlafanzug**
rug **der Teppich**
use (of) **der Gebrauch (von)**

close **nahe**
first, first of all **zuerst**
similar (to), alike **ähnlich** (*Dat.*)

Das Badezimmer

Analyse der Zeichnung

1. Woran erkennen Sie, daß der Mann es vorzieht, ein Bad zu nehmen, anstatt sich zu brausen?
2. Warum könnte dies sowohl ein amerikanisches als auch ein europäisches Badezimmer sein?
3. Was ist auf dem Fußboden?
4. An welchen drei Stellen sehen Sie Handtücher?
5. Wo ist die Steckdose für den Rasierapparat?
6. Wo ist die Entlüftung?
7. Nennen Sie die Artikel, die auf dem Toilettentisch zu sehen sind!
8. Wo ist die Toilette?
9. Was trägt der Mann?
10. Welche Artikel, die auf dem Bild zu sehen sind, deuten darauf hin, daß der Mann wahrscheinlich nicht allein wohnt?
11. Welche Toilettenartikel finden Sie nicht auf dem Bild?
12. Warum sehen Sie keine Rasierseife?
13. Warum sollte die Steckdose nicht so nahe am Waschbecken sein?

Ausgangspunkte

14. Wozu werden Handtücher benützt?
15. Wozu dient ein Brausevorhang?
16. Wie dreht man Wasser an und ab?
17. Zwei Männer wollen sich rasieren, der eine mit einem elektrischen Rasierapparat, der andere mit einem Rasiermesser. Was muß jeder zuerst tun?
18. Wie oft putzen Sie sich die Zähne?
19. Erklären Sie den Unterschied zwischen einer Badewanne und einem Waschbecken!
20. Inwiefern ist ein Waschbecken einer Badewanne ähnlich?

Diskussionsthemen

1. Badezimmer: alte und neue.
2. Die Vorteile eines elektrischen Rasierapparats.
3. Über den Mann, der Rasierseife auf seine Zahnbürste gab.

to set the table **den Tisch decken**	center of the table **die Tischmitte,**	pepper shaker **der Pfefferstreuer**
to clear the table **den Tisch abräumen**	**die Mitte des Tisches**	coaster **der Untersatz**
to serve **servieren**	soup bowl **die Suppentasse**	host, hostess **der Gastgeber, die**
to pour in **einschenken**	saucer **die Untertasse**	**Gastgeberin**
to pour out **ausschenken**	plate **der Teller**	guest **der Gast**
to taste good **gut schmecken**	service plate **der große Unterteller**	meal **die Mahlzeit**
he does not like it (*food*) **es schmeckt**	butter **die Butter**	dinner (*supper*) **das Abendessen**
ihm nicht	silverware, cutlery **das Tafelsilber,**	gala dinner, banquet **das Festessen**
to stand **stehen**	**die Bestecke**	table (*set for a banquet*) **die Tafel,**
to propose a toast **einen Toast aus-**	knife **das Messer**	**die Festtafel**
bringen	butter knife **das Buttermesser**	waiter **der Kellner**
	fork **die Gabel**	waitress **die Kellnerin**
	salad fork **die Salatgabel**	ash tray **der Aschenbecher**
table-cloth **die Tischdecke, das**	dessert fork **die Kuchengabel**	cigarette **die Zigarette**
Tischtuch	soup spoon **der Suppenlöffel**	cigarette lighter **das Feuerzeug**
napkin **die Serviette**	tablespoon **der Eßlöffel**	duty **die Pflicht**
place setting **das Gedeck**	teaspoon **der Teelöffel**	custom, tradition **die Sitte**
pitcher **der Wasserkrug**	glass **das Glas**	
water **das Wasser**	water glass **das Wasserglas**	
wine **der Wein**	wine glass **das Weinglas**	formal **festlich, formell**
wine basket **der Weinkorb**	salt shaker **der Salzstreuer**	informal **nicht formell, zwanglos**
head of the table **das Tischende**		according to **gemäß, entsprechend**

22

Der gedeckte Tisch

Analyse der Zeichnung

1. Woran sehen Sie, daß das Essen noch nicht serviert ist?
2. Woran erkennen Sie, daß dies ein Festessen ist?
3. Was wird in die beiden Gläser eingeschenkt?
4. Ist die Gabel links von der großen Gabel eine Salatgabel oder eine Kuchengabel? Warum?
5. Was deutet darauf hin, daß der Tisch der amerikanischen Sitte gemäß gedeckt ist?
6. Warum liegen zwei Löffel neben den Tellern?
7. Auf welche Seite legt man die Serviette?
8. Was ist in der Mitte des Tisches?
9. Wie viele Gäste kommen zum Abendessen, wenn es zwei Gastgeber gibt?
10. Was liegt auf der rechten Seite des großen Tellers?
11. Wo sind die Salz- und Pfefferstreuer?
12. Wohin legt man die Buttermesser?
13. Warum hat man die Weinkörbe an die beiden Tischenden gestellt?
14. Was steht auf den kleinen Untersätzen vor den Gedecken der Gastgeber?
15. Wer wird den Wasserkrug an der linken Seite stehen haben?

Ausgangspunkte

16. Wo sitzt der Gastgeber im allgemeinen?
17. Wie bringt man einen Toast aus?
18. Was sind die Pflichten eines Kellners oder einer Kellnerin?
19. Was ist der Unterschied zwischen einem Teller und einer Untertasse? zwischen einem Eßlöffel und einem Teelöffel?
20. Was würden Sie zu einem Gast sagen, dem das Essen nicht schmeckt?

Diskussionsthemen

1. Wie man einen Tisch deckt.
2. Wie man bei einem Festessen serviert.
3. Was man über Weine wissen sollte.

to play **spielen**	point **der Punkt**	soft drink **das Erfrischungsgetränk,**
to lose **verlieren**	ball **der Ball**	**das nichtalkoholische Getränk**
to win **gewinnen**	racquet **der Tennisschläger, das**	sunglasses **die Sonnenbrille**
to hit **schlagen**	**Rakett**	maximum number **die Höchstan-**
to serve **servieren**	press **der (Rakett)rahmen, der Span-**	**zahl**
to keep **aufbewahren**	**ner**	minimum number **die Mindestan-**
to warp **sich verziehen**	singles **das Einzelspiel**	**zahl**
to harm **schaden**	doubles **das Doppelspiel**	
to serve the purpose (of) **dienen (zu)**	partner **der (Tennis)partner**	
	opponent **der Gegner**	right-handed **rechtshändig**
	sport **der Sport**	left-handed **linkshändig**
tennis **(das) Tennis**	form of sport, branch of atheletics	international **international**
tennis match **das Tennisspiel**	**die Sportart**	popular **populär, beliebt**
tennis court **der Tennisplatz**	bench **die Bank**	in the daytime **am Tage**
net **das Netz**	stool **der Schemel, der Hocker**	in the evening **abends**
screen **das Gitter**	wall **die Mauer, die Wand**	high **hoch**
player **der Spieler**	school **die Schule**	low **niedrig**
spectator **der Zuschauer**	rain **der Regen**	
(sports)fan **der (Sport)liebhaber, der**	conversation, discussion **die Unter-**	
Anhänger	**haltung, das Gespräch**	

Tennis

Analyse der Zeichnung

1. Wer trägt eine Sonnenbrille?
2. Spielen die Tennispartner ein Einzel- oder ein Doppelspiel?
3. Wie viele Zuschauer sind auf dem Bild zu sehen?
4. Meinen Sie, daß die zwei Personen im Vordergrund noch nicht oder bereits gespielt haben? Warum?
5. Warum ist ein Gitter im Hintergrund?
6. Welche Leute sitzen, und worauf sitzen sie?
7. Wo ist eine Wand? Wozu dient sie?
8. Wie viele Leute auf diesem Bild sind rechtshändig? Woher wissen Sie das?
9. Wer hält ein Erfrischungsgetränk in der Hand?
10. Woher wissen Sie, daß das Spiel am Tage und nicht abends stattfindet?

Ausgangspunkte

11. Tennis ist ein internationaler Sport. Was bedeutet das?
12. Nennen Sie die Höchst- und die Mindestanzahl der Spieler in einem Tennisspiel!
13. Wieviel kostet ein guter Tennisschläger?
14. Warum bewahrt ein Tennisspieler normalerweise seinen Tennisschläger in einem Rahmen auf?
15. Einige Sportarten können im Regen gespielt werden. Warum nicht Tennis?
16. Was ist ein Sportliebhaber?
17. Beschreiben Sie den Unterschied zwischen einer Bank und einem Schemel!
18. Warum spielen Sie (nicht) gerne Tennis?
19. Wer bekommt einen Punkt, wenn Sie den Ball ins Netz schlagen?
20. Wann schlägt man beim Tennis den Ball, bevor der Gegner ihn schlägt?

Diskussionsthemen

1. Unterhaltung zwischen dem Mädchen und dem jungen Mann im Vordergrund des Bildes.
2. Beschreiben Sie die Tennisplätze in Ihrer Schule.
3. „Die Frage ist nicht, ob Sie gewinnen oder verlieren, sondern wie Sie das Spiel gespielt haben."

to take place **stattfinden**	loaf of bread **der Laib Brot**	food **die Eßwaren** (*pl. only*)
to have a picnic **ein Picknick ab-halten, picknicken**	knife **das Messer**	participant, member **der Teilnehmer**
to take part (in) **teilnehmen (an)**	sandwich **das belegte Brot**	sheet **das Tuch**
to park **parken**	cheese sandwich **das Käsebrot**	car **das Auto, der Wagen**
to kneel **knien**	cheese **der Käse**	tree **der Baum**
to cut **schneiden**	sausage **die Wurst**	grass **das Gras**
to slice **in Scheiben schneiden**	slice of bread **die Scheibe Brot**	place (*spot*) **der Platz, die Stelle**
to uncork **öffnen, entkorken**	picnic basket **der Picknickkorb**	ant **die Ameise**
to make a sandwich **ein belegtes Brot machen**	wine **der Wein**	fly **die Fliege**
to discard **wegwerfen**	bottle **die Flasche**	mosquito **der Moskito**
to pack **einpacken, packen**	cork **der Korken**	
to prepare **vorbereiten, zubereiten**	corkscrew **der Korkenzieher**	
to forget **vergessen**	thermos jug **die Thermosflasche**	pleasant **erfreulich**
to find **finden**	beverage **das Getränk**	unpleasant **unerfreulich, unangenehm**
	soft drink **das Erfrischungsgetränk, das nichtalkoholische Getränk**	shady **schattig**
picnic **das Picknick**	paper cup **der Papierbecher**	sunny **sonnig**
	paper plate **der Papierteller**	practical **praktisch**

Das Picknick

Analyse der Zeichnung

1. Woran können Sie sehen, daß das Picknick auf diesem Bild nicht in Amerika stattfindet?
2. Wo ist das Auto geparkt?
3. Was tut der junge Mann, der die Flasche in der Hand hat?
4. Was macht das Mädchen gerade?
5. Was macht der junge Mann mit dem Messer?
6. Welche anderen Eßwaren könnten noch im Picknickkorb sein?
7. Beschreiben Sie den Platz, an dem das Picknick abgehalten wird!
8. Sagen Sie uns, worüber die jungen Leute wohl sprechen!
9. Was liegt auf dem Tuch?
10. Was halten die Picknickteilnehmer in der rechten Hand?
11. Würden Sie gerne an dem Picknick teilnehmen? Warum? Warum nicht?

Ausgangspunkte

12. Warum ist ein Picknick etwas Erfreuliches?
13. Was kann bei einem Picknick unangenehm werden?
14. Ziehen Sie einen schattigen oder einen sonnigen Platz für ein Picknick vor?
15. Wie machen Sie ein Käsebrot?
16. Warum ist eine Thermosflasche praktisch?
17. Welchen Vorteil haben Papierbecher und -teller?
18. Was würden Sie tun, wenn Sie picknicken wollten und den Picknickkorb vergessen hätten?
19. Was würden Sie tun, wenn Sie Ameisen auf Ihrem belegten Brot fänden?
20. Welche Dinge würde man für ein typisch amerikanisches Picknick einpacken?

Diskussionsthemen

1. Warum ich gern (nicht gern) picknicke.
2. Wie man einen Picknickkorb packt.
3. Ein Picknick, das ich niemals vergessen werde.

to swim **schwimmen**	lighthouse **der Leuchtturm**	sunglasses **die Sonnenbrille**
to float **sich** (*auf dem Wasser*) **treiben lassen**	land **das Land**	binoculars **das Fernglas**
to surf **wellenreiten**	wave **die Welle, die Woge**	(*beach*) umbrella **der Sonnenschirm**
to sunbathe **ein Sonnenbad nehmen, sich sonnen**	waves, surf **die Brandung**	salt water **das Salzwasser**
to get a sunburn **einen Sonnenbrand bekommen**	surfboard **das Wellenbrett**	fresh water **das Süßwasser**
to play **spielen**	surfing **das Wellenreiten**	suntan lotion **das Sonnenöl**
to hand **(über)reichen**	ship **das Schiff**	sunburn **der Sonnenbrand**
to warn **warnen**	sailboat **das Segelboot**	shell **die Muschel**
to dig **graben**	float **die Schwimmatratze**	ball **der Ball**
to avoid **vermeiden**	bathing suit **der Badeanzug**	pail **der Eimer**
to hold **halten**	bikini **der Bikini**	cup **die Tasse; der Becher**
	kerchief, scarf **das Kopftuch**	radio **das Radio**
beach **der Strand**	cap **die Kappe, die Mütze**	proximity **die Nähe**
ocean **der Ozean, das Meer**	hat **der Hut**	
sand **der Sand**	bonnet **die Haube**	tanned **braungebrannt**
	thermos jug **die Thermosflasche**	at the same time **gleichzeitig**
	carry-all (beach bag) **die Strandtasche**	sometimes **manchmal**

28

Am Strand

Analyse der Zeichnung

1. Auf dem Bild sind zwei Radios.   Wer hat sie?
2. Was möchte das kleine Mädchen in der Haube gern tun?
3. Was hält es in der Hand?
4. Welche zwei Dinge versucht die Frau im Vordergrund gleichzeitig zu tun?
5. Wohin schaut der Mann mit dem Fernglas?
6. Was dürfte wohl die Dame mit dem Kopftuch zu dem Herrn in der Kappe sagen, und was er zu ihr?
7. Wer hat eine Schwimmatratze, und wohin geht er damit?
8. Was tun die Jungen links in der Nähe des Wassers?
9. Wo sehen Sie ein kleines Segelboot?
10. Wer trägt eine Sonnenbrille?
11. Welche Dinge könnte die Dame in ihrer Strandtasche haben?
12. Wo sehen Sie Muscheln?
13. Wo sind die Thermosflaschen?
14. Was sagt wohl der junge Mann mit dem Radio zu dem Mädchen im Bikini?

Ausgangspunkte

15. Was ist ein Leuchtturm?
16. Kann man sich besser im Salzwasser oder im Süßwasser treiben lassen?
17. Was ist der Unterschied zwischen einem Hut und einer Mütze?
18. Wie kann man einen Sonnenbrand vermeiden?
19. Warum ist es manchmal schwer, im Ozean zu schwimmen?
20. Warum ist es für Sie schwer (leicht) an den Strand zu fahren?

Diskussionsthemen

1. Wellenbretter und Wellenreiten.
2. Ich gehe lieber in die Berge als an den Strand.
3. Was man am Strand tun kann.

to hunt **jagen**
to go camping **zelten gehen**
to aim **zielen**
to shoot (at) **schießen (auf)**
to fish **angeln (nach)**
to catch **fangen**
to cast (a fishing line) **(eine Angel) auswerfen**
to paddle **paddeln**
to climb **klettern**
to cook **kochen**
to pack **einpacken**
to carry on, perform **ausüben**
to point (to) **hindeuten (auf)**

outdoor activity **die Freiluftbeschäftigung**
fisherman **der Angler**
hunter **der Jäger**
camper **der Zeltwanderer**
hiker **der Fußwanderer**

canoeist **der Paddelbootfahrer, der Paddler**
camp **das Lager**
camp-site **der Lagerplatz**
tent **das Zelt**
fishing rod **die Angel**
reel **die Rolle**
gun, rifle **das Gewehr**
canoe **das Paddelboot**
paddle **das Paddel**
bow (*of a boat*) **der Bug**
stern (*of a boat*) **das Heck**
fire **das Feuer**
campfire **das Lagerfeuer**
sleeping bag **der Schlafsack**
game bag **die Jagdtasche**
knapsack **der Rucksack**
skillet **die (Brat)pfanne**
deer **das Wild**
fish **der Fisch**
trout **die Forelle**

(casting) fly **die (Angel)fliege**
clothes **die Kleidung** (*sing. only*)
interior **das Innere**
scene **die Szene**
mountain **der Berg**
top of the mountain **der Gipfel** (*des Berges*)
hike **die Fußwanderung**
camping trip **die Zeltwanderung**
day trip **die Tageswanderung**
season **die Jahreszeit**
winter **der Winter**
summer **der Sommer**
spring **der Frühling, das Frühjahr**
fall **der Herbst**
song **das Lied**

red **rot**
useful **nützlich**
inside **im Innern, innen**

Freiluftbeschäftigungen

Analyse der Zeichnung

1. Wer klettert auf einen Berg?
2. Wer ist im Bug und wer ist im Heck des Paddelbootes?
3. Was tut der Zeltwanderer auf dem Bild oben rechts?
4. Sie sehen zwei Feuer: welches ist ein kleines Feuer und welches ein Lagerfeuer?
5. Warum könnte der Angler eine Pfanne gebrauchen?
6. Was deutet darauf hin, daß der Zeltwanderer auch angelt?
7. Was könnte im Innern des Zeltes sein?
8. Woher wissen Sie, daß der Jäger nicht auf Wild schießt?
9. Was hat der Angler auf dem Hut?
10. Warum nehmen wir an, daß der Angler nach Forellen angelt?
11. Was für Lieder werden im allgemeinen an einem Lagerfeuer gesungen?
12. Warum ziehen die meisten Jäger rote Kleidung vor?
13. Woran könnte der Paddler denken?

Ausgangspunkte

14. Wo angeln Sie am liebsten: in einem Fluß, in einem See oder im Meer?   Warum?
15. Was würden Sie für eine Tageswanderung in einen Rucksack einpacken?
16. Welche der sechs Szenen gefällt Ihnen am besten und warum?
17. Was wäre für Sie nützlicher, ein Paddelboot oder ein Gewehr?   Warum?
18. Womit paddelt man in einem Paddelboot?   Womit angelt man, und womit jagt man?
19. Welches ist die beste Jahreszeit für eine Zeltwanderung?   Warum?
20. Nennen Sie einige Freiluftbeschäftigungen, die man nur im Sommer ausüben kann! Nennen Sie einige, die für den Winter (Herbst, Frühling) typisch sind!

Diskussionsthemen

1. Wie man einen Lagerplatz aussucht.
2. Meine Tage im Lager.
3. Was ich vom Gipfel des Berges aus sah.

to swim **schwimmen**	outdoor swimming pool (*public*) **das Freibad**	style, type **die Art**
to dive **springen; tauchen**	pool **das Schwimmbecken**	bathing suit **der Badeanzug**
to drown **ertrinken**	diving board **das Sprungbrett**	sunglasses **die Sonnenbrille**
to change one's clothes **sich umziehen**	shallow end **das seichte Ende**	beach **der Strand**
to play **spielen**	deep end **das tiefe Ende**	wheel **das Rad**
to install **anbringen, installieren**	chaise longue **der Liegestuhl**	conversation **die Unterhaltung**
to be about to **im Begriff sein zu**	lifeguard **der Rettungsschwimmer**	age **das Alter**
to overhear **zufällig hören**	whistle **die Pfeife**	
to converse (with), talk (to) **sich unterhalten (mit)**	cabana **die Umkleidekabine**	fast **schnell**
to converse (about), talk (about) **sich unterhalten (über)**	ladder **die Leiter**	most of **das meiste; die meisten**
to save **retten**	breaststroke **das Brustschwimmen**	accidentally **zufällig**
	American crawl **das Kraulen**	
	back stroke **das Rückenschwimmen**	

Im Freibad

Analyse der Zeichnung

1. Wo sind die Umkleidekabinen?
2. Woher wissen Sie, daß jemand gerade springen will?
3. Welche Schwimmart ist die schnellste: Brustschwimmen, Rückenschwimmen oder Kraulen?   Welche Schwimmart wird auf dem Bild gezeigt?
4. Was will das Kind wohl haben?   Was sagt der Vater zu dem Kind?
5. Worüber unterhalten sich die Frau mit der Sonnenbrille und der Mann auf dem Liegestuhl?
6. Wer trinkt Coca Cola?
7. Beschreiben Sie den Liegestuhl?
8. Was tut der Rettungsschwimmer gerade?
9. Was trägt der Rettungsschwimmer?
10. An welchem Ende des Schwimmbeckens sind die meisten Leute?
11. Warum wurde die Leiter nicht am anderen Ende des Schwimmbeckens angebracht?
12. Wo ist noch eine Leiter zu sehen?
13. An welchem Ende des Schwimmbeckens spielen zwei Kinder?
14. Wem gehören die Sandalen im Vordergrund?
15. Warum sieht man keine kleinen Kinder am tiefen Ende?

Ausgangspunkte

16. Wozu wird die Umkleidekabine benützt?
17. Gehen Sie lieber ins Freibad oder an den Strand?   Warum?
18. Was sind die Pflichten eines Rettungsschwimmers?
19. Warum gibt es im Schwimmbecken ein seichtes und ein tiefes Ende?
20. Können Sie schwimmen?   Wenn nicht, warum nicht?   Wenn ja, in welchem Alter haben Sie schwimmen gelernt?

Diskussionsthemen

1. Schwimmbecken sind nicht zum Schwimmen da.
2. Ein Rettungsschwimmer, den ich kannte.
3. Eine Unterhaltung, die ich zufällig am Schwimmbecken hörte.

to display **ausstellen**	shirt **das (Herren)hemd**	pullover (sweater) **der Pullover**
to consist (of) **bestehen (aus)**	sport shirt **das Sporthemd**	jeans **die „jeans"**
to have in common **gemein haben**	sleeve **der Ärmel**	monogram **das Monogramm**
	pocket **die Tasche**	collar **der Kragen**
men's shop **das Herrengeschäft**	hip pocket **die Hüfttasche**	button **der Knopf**
store window **das Schaufenster**	side pocket **die Hosentasche**	leather **das Leder**
display **die Auslage**	handkerchief **das Taschentuch**	wallet **die Brieftasche**
coat of arms **das Wappen**	underwear **die Unterwäsche**	price tag **das Preisschild**
mannequin **die (Schaufenster)puppe**	shorts **die Unterhose; die kurze Hose**	size **die Größe**
article of clothing **das Kleidungs-**	undershirt **das Unterhemd**	part **der Teil**
stück	shoe **der Schuh**	
clothing (*in general*), apparel **die**	shoe-lace **der Schnürsenkel, der**	
Kleidung	**Schuhriemen**	
suit **der Anzug**	socks **die Socken**	single-breasted **einreihig**
pants, trousers **die Hose**	pair **das Paar**	double-breasted **zweireihig**
coat (*jacket*) **die Jacke**	belt **der Gürtel**	for sale **verkäuflich**
tie **die Krawatte, der Schlips**	cuff link **der Manschettenknopf**	usually **gewöhnlich**
bow tie **die Fliege, die Schleife**	tie clasp **der Krawattenhalter**	short **kurz**
		long **lang**

Das Herrengeschäft

Analyse der Zeichnung

1. Beschreiben Sie die Kleidung der großen Schaufensterpuppe!
2. Beschreiben Sie die Kleidung der anderen drei Schaufensterpuppen!
3. Beschreiben Sie die Kleidungsstücke, die nicht von den Puppen getragen werden!
4. Welche Kleidungsstücke sind in dem Schaufenster ausgestellt?
5. Wo ist das Monogramm auf dem Sporthemd?
6. Ein Kleidungsstück, das die meisten Männer jeden Tag tragen, ist in diesem Schaufenster nicht ausgestellt. Nennen Sie dieses Kleidungsstück!
7. Beschreiben Sie die Kleidung des Hippies!
8. Was denkt wohl der Hippie?
9. Glauben Sie, daß das Wappen verkäuflich ist? Warum? Warum nicht?
10. Was ist der Unterschied zwischen den Schuhen, die die Schaufensterpuppe trägt, und den anderen in der Auslage?

Ausgangspunkte

11. Erklären Sie den Unterschied zwischen einer einreihigen und einer zweireihigen Jacke!
12. Was ist ein Preisschild?
13. Aus welchen Teilen besteht ein Anzug?
14. Aus welchen Kleidungsstücken besteht die Unterwäsche?
15. Was haben ein Gürtel, eine Brieftasche und ein Paar Schuhe oft gemein?
16. Welche Herrenkleidungsstücke haben Knöpfe?
17. Wie viele Taschen hat eine Hose?
18. Wo trägt der Amerikaner gewöhnlich seine Brieftasche? Wo trägt sie der Europäer gewöhnlich?
19. Mit was für einem Hemd trägt man Manschettenknöpfe?
20. Welche zwei Größen muß man wissen, um ein Herrenhemd kaufen zu können?

Diskussionsthemen

1. Was ich (nicht) trage und warum.
2. Wie man Kleidungsstücke im Schaufenster eines Herrengeschäfts ausstellt.
3. „Kleider machen Leute."

to shop **einkaufen**	sale (*transaction*) **der Verkauf**	glove **der Handschuh**
to try on **anprobieren**	sale (*bargain*) **der Ausverkauf**	sweater **der Pullover**
to look for **suchen**	department **die Abteilung**	blouse **die Bluse**
to pick out **aussuchen**	saleslady **die Verkäuferin**	fur coat **der Pelzmantel**
to buy (sell) on credit **auf Kredit**	salesman **der Verkäufer**	scarf **der Schal**
kaufen (verkaufen)	customer **der Kunde, die Kundin**	size **die Größe**
to pay cash **bar bezahlen**	shopper **der Käufer, die Käuferin**	flower **die Blume**
to ring up a sale **den Betrag** (*auf der*	jewelry **der Schmuck**	aisle **der Durchgang**
Registrierkasse) **registrieren**	necklace **die (Hals)kette**	
to fit **passen**	earring **der Ohrring**	artificial **künstlich**
to sell **verkaufen**	bracelet **das Armband**	on display **ausgestellt**
to spend **ausgeben**	brooch **die Brosche**	for sale **verkäuflich**
to be right **recht haben**	drawer **die Schublade**	authentic **wahrheitsgetreu, authen-**
to hold (grasp) **halten, fassen**	mirror **der Spiegel**	**tisch**
to happen **geschehen, vorgehen**	amount **der Betrag**	advantageous, profitable **vorteilhaft**
	cash register **die Registrierkasse**	in front **vorn**
department store **das Warenhaus,**	purse **die Handtasche**	regular **regulär**
das Kaufhaus	hose, stockings **die Damenstrümpfe**	
counter **der Ladentisch**	hat **der Hut**	

Das Warenhaus

Analyse der Zeichnung

1. Beschreiben Sie die Kundin, die nicht an einem Ladentisch steht!
2. Was sucht die Verkäuferin in der Schublade?
3. Warum trägt die Frau vor dem Spiegel keine Handschuhe?
4. Welche Dinge sind auf dem Ladentisch in der Schmuckabteilung und welche sind im Vordergrund ausgestellt?
5. Warum sind nur Verkäuferinnen zu sehen?
6. Was geschieht in der Handschuhabteilung?
7. Hält die Kundin im Hintergrund einen Pullover oder eine Bluse vor sich? Warum?
8. Worüber sprechen wohl die Kundin und die Verkäuferin in der Handtaschenabteilung?
9. Woher wissen Sie, daß die Handtasche vor dem Spiegel vorn rechts nicht verkäuflich ist?
10. Wo ist die Registrierkasse, und was geschieht dort?
11. Was wäre in diesem Warenhaus am schwersten zu kaufen, wenn eine Kundin ihre Größe nicht wüßte? Warum?
12. Welche Verkäuferin trägt das, was sie verkauft? Woher wissen Sie das?

Ausgangspunkte

13. Welchen Vorteil hat es, auf Kredit zu kaufen?
14. Warum ist es vorteilhaft, bar zu bezahlen?
15. Was ist der Unterschied zwischen einem Ausverkauf und einem regulären Verkauf?
16. Was ist ein Warenhaus?
17. „Der Kunde hat immer recht." Erklären Sie das!
18. Verkaufen Warenhäuser gerne auf Kredit? Warum (warum nicht)?
19. Wären Sie gerne Verkäufer (Verkäuferin) in einem Warenhaus? Warum? Warum nicht?
20. Die meisten Frauen kaufen gerne im Warenhaus ein; die meisten Männer nicht. Was dürfte wohl der Grund dafür sein?

Diskussionsthemen

1. Wie man eine Handtasche aussucht.
2. Warum das Bild (nicht) wahrheitsgetreu ist.
3. Was ich für 5.000 Dollar in einem Warenhaus kaufen würde.

to go shopping (for groceries) **(Lebensmittel) einkaufen gehen**
to wait in line **sich anstellen**
to slice **in Scheiben schneiden**
to peel **schälen**
to add (up) the bill **die Beträge zusammenzählen, die Beträge addieren**
to choose, select **auswählen**
to pack, put in bags **(ein)packen, in Tüten packen**
to require, need **brauchen**
to reflect (on), think (over) **sich überlegen**
to spill **ausschütten**
to consist **bestehen**
to defrost **auftauen**

supermarket **der Supermarkt**
shopper **der Käufer, die Käuferin**
clerk **der Angestellte, die Angestellte**

checker **der Kassierer, die Kassiererin**
counter **der Ladentisch**
cash register **die Registrierkasse**
scale **die Waage**
groceries **die Lebensmittel**
carton **der Karton**
can **die Büchse, die Dose**
canned goods **die Konserven**
paper bag **die Tüte**
fruit **die Frucht, das Obst**
vegetable **das Gemüse**
banana **die Banane**
peach **der Pfirsich**
pear **die Birne**
orange **die Orange, die Apfelsine**
grapefruit **die Pampelmuse**
tomato **die Tomate**
carrot **die Karotte, die Mohrrübe**
celery **der Sellerie**
lettuce **der Kopfsalat**
spinach **der Spinat**

cauliflower **der Blumenkohl**
leaf **das Blatt**
meat **das Fleisch**
meat counter, meat department **die Fleischabteilung**
milk **die Milch**
apron **die Schürze**
purchase **der Einkauf**
task **die Aufgabe**
price **der Preis**
pencil **der Bleistift**
kilo **das Kilogramm, das Kilo**
pound **das Pfund**
liter **der Liter**
quart **das Quart**
purse **Handtasche**
family of five **die fünfköpfige Familie**

frozen **gefroren**
last, finally **zuletzt**

Der Supermarkt

Analyse der Zeichnung

1. Was hat das Kind gerade getan?
2. Welche Lebensmittel hat die Käuferin bereits ausgewählt?
3. Wer ist der Mann mit der Schürze?   Warum trägt er eine?
4. Warum hat er einen Bleistift hinter dem Ohr und wozu braucht er ihn?
5. Was könnten wir über dieses Bild sagen, wenn wir wüßten, daß die Waage Kilos angibt?
6. Was sehen Sie rechts hinten?
7. Was hat die Käuferin im Vordergrund in jeder Hand?
8. Sagen Sie, was sich die Käuferin im Vordergrund wohl überlegt!

Ausgangspunkte

9. Wer kauft die Lebensmittel in Ihrer Familie ein?   Warum?
10. Beschreiben Sie alle Gemüsearten, die Sie kennen!
11. Beschreiben Sie alle Fruchtsorten, die Sie kennen!
12. Welche Früchte schneidet man normalerweise in Scheiben?   Welche Früchte schält man?   Welche Früchte braucht man weder zu schälen noch in Scheiben zu schneiden?   Welche kann man entweder schälen oder in Scheiben schneiden?
13. Welche Ähnlichkeit besteht zwischen Salat und Spinat?
14. Welche Aufgabe hat eine Kassiererin in einem Supermarkt?
15. Warum gehen die meisten Leute beim Einkaufen von Lebensmitteln zuletzt in die Fleischabteilung und in die Abteilung für gefrorene Lebensmittel?
16. Wo und warum muß man sich manchmal im Supermarkt anstellen?
17. Gehen Sie gerne Lebensmittel einkaufen?   Warum?   Warum nicht?
18. Wann werden im Supermarkt die Lebensmittel in Tüten gepackt?
19. Wo verkauft man Milch per Quart und wo per Liter?
20. Was kann man in einer Büchse kaufen und was nicht?

Diskussionsthemen

1. Wie man Lebensmittel für eine fünfköpfige Familie am billigsten einkauft.
2. Der Unterschied zwischen einem Kunden und einer Kundin im Supermarkt.
3. Der typisch amerikanische Supermarkt.

to display **ausstellen**

to prepare, make up **zubereiten, zurechtmachen**

to fill a prescription **eine Medizin laut Rezept zubereiten**

to find out (from) **erfahren, ersehen (aus)**

to wait on (a customer) **bedienen** (*trans.*)

to prescribe **verschreiben**

apothecary on duty (*during the night*) **die Apotheke hat Nachtdienst**

to open **öffnen**

to need, require **brauchen**

to chew **kauen**

to smoke **rauchen**

pharmacy; drugstore **die Apotheke; die Drogerie**

apothecary, pharmacist, druggist **der Apotheker, der Pharmazeut, der Drogist**

prescription **das Rezept, die Verschreibung**

drug **die Droge, das Medikament**

medicine **die Medizin, die Arznei**

dose, dosage **die Dosis**

doctor, physician **der Doktor, der Arzt**

bottle **die Flasche**

jar **die Dose**

box **die Schachtel**

pill **die Pille**

tablet **die Tablette**

aspirin **das Aspirin**

(bar of) soap **(das Stück) Seife** (*f.*)

(tube of) toothpaste **(die Tube) Zahnpasta** (*f.*)

cosmetics **die Kosmetikartikel** (*pl.*)

perfume **das Parfüm**

toilet water, cologne **das Toilettenwasser, das Kölnischwasser**

bath powder **der Badepuder**

nail polish **der Nagellack**

shampoo **das Schampun, das Haarwaschmittel**

sunglasses **die Sonnenbrille**

label **das Etikett, das Schild(chen)**

(stick of) chewing gum **(das Stückchen) Kaugummi** (*m.*)

pack (package) **die Schachtel, das Päckchen**

carton **der Karton**

cigarette **die Zigarette**

cigar **die Zigarre**

soda fountain **der Imbißstand**

shelf **das Regal**

magazine **die Zeitschrift**

greeting card **die Grußkarte**

article **der Artikel**

license **die Lizenz**

wall **die Wand**

prescribed **verschrieben**

approximately **ungefähr, etwa**

alternately, by turns **abwechselnd**

Die Apotheke

Analyse der Zeichnung

1. Nennen Sie einige der Artikel, die auf den Regalen ausgestellt sind!
2. Was könnte in der Flasche sein, die die Frau in der Hand hält?
3. Die Frau scheint das Etikett zu lesen. Was wird sie wahrscheinlich daraus ersehen?
4. Was scheint der Apotheker zu tun?
5. Welche Flaschen enthalten Nagellack?
6. Warum sind die Drogen und Arzneien, die im Hintergrund zu sehen sind, nicht auf den Regalen mit den Kosmetikartikeln ausgestellt?
7. Welche anderen Dinge, die auf dem Bild nicht zu sehen sind, kann man in einer typisch amerikanischen Apotheke kaufen?
8. Was ist an der Wand neben den Arzneien zu sehen?
9. Wen bedient der Apotheker? Woran können Sie das sehen?

Ausgangspunkte

10. Wohin geht man, um eine vom Arzt verschriebene Arznei zu kaufen?
11. Wie viele Zigaretten sind in einer Schachtel, und wie viele Schachteln sind in einem Karton?
12. Wie viele Stückchen Kaugummi sind in einem Päckchen, und wie viele Päckchen kaufen Sie ungefähr in einem Jahr?
13. In Europa sind Apotheken abwechselnd die ganze Nacht geöffnet. Weshalb?
14. Was ist billiger: ein Stückchen Kaugummi oder eine Zigarette?
15. Tabletten sind in Schachteln oder Flaschen. Worin ist Zahnpasta?
16. Was ist der Unterschied zwischen einer Flasche und einer Dose?
17. Nennen Sie eine Tablette, für die man vom Arzt kein Rezept braucht!
18. Was kann man anstatt eines Haarwaschmittels benützen?
19. Welche Artikel, die in einer amerikanischen Apotheke verkauft werden, würde ein Mann wahrscheinlich für sich selbst kaufen und welche nur für eine Frau?
20. Was können Sie aus dem Etikett einer Arzneiflasche oder Arzneischachtel ersehen?

Diskussionsthemen

1. Der Unterschied zwischen einer amerikanischen und einer europäischen Apotheke.
2. Kosmetikartikel für die Frau.
3. Wie man eine Grußkarte auswählt.

to run around, be at large **frei herumlaufen**	store **der Laden, das Geschäft**	element **das Element**
to eat (*referring to animals*) **fressen**	animal **das Tier**	ground, earth **die Erde**
to devour **auffressen**	domestic animal **das Haustier**	air **die Luft**
to bark **bellen**	Siamese cat **die siamesische Katze**	water **das Wasser**
to meow **miauen**	kitten **das Kätzchen**	foot (*of an animal*) **die Pfote**
to sing **singen**	dog **der Hund**	claw **die Klaue**
to chirp **zwitschern**	puppy **das Hündchen**	head **der Kopf**
to grow (up) **groß werden, heranwachsen**	rabbit **das Kaninchen**	tree **der Baum**
to sleep **schlafen**	bird **der Vogel**	
to climb **klettern**	canary **der Kanarienvogel**	elderly **älter**
to catch **fangen**	fish **der Fisch**	free (at large) **frei, wild**
to converse, chat (about) **sich unterhalten (über)**	cage **der Käfig**	native, indigenous **heimisch**
pet shop **die Tierhandlung**	tank **das Aquarium**	probably **wahrscheinlich**
	container **der Behälter**	the most **am meisten**
	net **das Netz**	the least **am wenigsten**
	thermometer **des Thermometer**	fully grown **ausgewachsen**

Die Tierhandlung

Analyse der Zeichnung

1. Die Leute auf dem Bild kann man als ältere Leute, aber nicht als alte Leute bezeichnen. Erklären Sie den Unterschied zwischen „alten Leuten" und „älteren Leuten"!
2. Was tun die Leute auf dem Bild?
3. Wo sehen Sie eine siamesische Katze?
4. In welchem Käfig sitzt ein Kaninchen?
5. Wenn alle Tiere in dem Geschäft frei herumliefen, welche Tiere würden wohl die anderen auffressen?
6. Wozu benützt man den Behälter und das Netz, die beide neben dem Aquarium stehen?
7. Beschreiben Sie die beiden Leute auf dem Bild!
8. Die Luft, das Wasser, die Erde — in welchem dieser drei Elemente ist jedes der Tiere auf diesem Bild heimisch?
9. Wenn Sie eines dieser Tiere kaufen wollten, welches Tier würde wohl am meisten und welches am wenigsten kosten?
10. Warum meinen Sie, daß der ältere Herr einen Fisch kaufen will?
11. Was tun gerade die drei Hunde?
12. Welches Tier auf dem Bild ist größer als die anderen, wenn es ausgewachsen ist?
13. Woher wissen wir, daß der Vogelkäfig vor der Dame und nicht hinter ihr ist?

Ausgangspunkte

14. Was ist der Unterschied zwischen einem Hündchen und einem Hund?
15. Welches Haustier ziehen Sie vor?   Warum?
16. Hunde bellen.   Was tun Katzen und Kanarienvögel?
17. Nennen Sie einige Tiere, die vier Pfoten haben!
18. Was meinte Ogden Nash als er schrieb: „Das einzige Problem mit einem Kätzchen ist, daß es einmal groß und eine Katze wird"?
19. Was ist ein Aquarium?
20. Warum können Hunde nicht auf Bäume klettern?

Diskussionsthemen

1. Warum dies eines der besten Bilder im Buch ist.
2. Warum ich Katzen gern (nicht gern) mag.
3. Worüber sich Tiere in einer Tierhandlung unterhalten würden, wenn sie sprechen könnten.

43

to drive **fahren**
to park **parken**
to sound the horn **hupen**
to keep (store) **aufbewahren**
to pay attention (to) **achten (auf)**
there is (*found*) **es befindet sich**
to serve (as, for) **dienen (als, zu)**

automobile, car **das Auto(mobil),
der Wagen**
engine **der Motor**
driver **der Fahrer**
passenger **der Mitfahrer** (*Auto*); **der
Passagier** (*Bus, Zug, usw.*)
interior **das Innere**
front seat **der Vordersitz**
rear seat **der Rücksitz**
seat belt **der Sicherheitsgurt**
steering wheel **das Steuerrad, das
Lenkrad**
horn **die Hupe**
hood **die Motorhaube**
windshield **die Windschutzscheibe**

windshield wiper **der Scheibenwi-
scher**
glove compartment **das Handschuh-
fach**
dashboard **das Armaturenbrett**
heater **die Heizung**
air conditioning **die Klimaanlage**
radio **das Radio**
button, knob **der Knopf**
gadget **die Vorrichtung**
part **der Teil**
speed **die Geschwindigkeit**
speedometer **das Tachometer, der
Geschwindigkeitsmesser**
mile **die Meile** (*1,60 Kilometer*)
miles per hour **Meilen pro Stunde**
kilometer **der Kilometer** (*0,62 Mei-
len*)
kilometers per hour **Kilometer pro
Stunde**
second **die Sekunde**
odometer **der Kilometerzähler**
pedal **das Pedal**

clutch pedal **das Kupplungspedal**
gas pedal **das Gaspedal**
brake pedal **das Bremspedal**
emergeny brake **die Handbremse**
(*Auto*); **die Notbremse** (*Zug*)
light **das Licht**
handle **der Griff**
window **das Fenster**
push button windows **die automa-
tischen Fenster**
mirror **der Spiegel**
side mirror **der Seitenspiegel**
rear-view mirror **der Rückspiegel**
automatic transmission **die auto-
matische Kupplung**
standard (stick) transmission **die
normale Kupplung**
visor **die Sonnenblende**
armrest **die Armlehne**
ash tray **der Aschenbecher**

various **verschieden**
inside **innen**

Das Auto

Analyse der Zeichnung

1. Woher wissen Sie, daß dieser Wagen keine automatischen Fenster hat?
2. Woher wissen Sie, daß dieses Auto eine automatische Kupplung hat?
3. Was befindet sich zwischen den Sonnenblenden?
4. Welche verschiedenen Dinge sind am Armaturenbrett zu sehen?
5. Welche Teile des Wagens kann man durch die Windschutzscheibe von innen sehen?
6. Welches Pedal befindet sich rechts vom Bremspedal?
7. Was sehen Sie auf dem Vordersitz?
8. Wozu dient die Vorrichtung auf dem Lenkrad?
9. Warum könnte es in diesem Wagen heiß oder kalt sein?
10. Welche Vorrichtung sieht man an der rechten Tür, die man an der linken nicht sehen kann?
11. Wo müßte man sitzen, um das Bild so zu sehen, wie man es hier sieht?
12. Wo ist der Motor?

Ausgangspunkte

13. Was ist der Unterschied zwischen einem Kilometerzähler und einem Geschwindigkeitsmesser?
14. Wann benützen Sie die Handbremse?
15. Wo sitzt der Fahrer?   Wo sitzen die Mitfahrer?
16. Wenn Sie 100 Kilometer pro Stunde fahren, wieviel ist das in Meilen pro Stunde?
17. Wie groß ist die Geschwindigkeit des Lichts?
18. Wenn Sie 800 Meilen gefahren sind, wieviel ist das in Kilometern?
19. Wozu benützt ein guter Fahrer den Seiten- und den Rückspiegel?
20. Nennen Sie einige Dinge, die Sie im Handschuhfach aufbewahren!

Diskussionsthemen

1. Beschreibung des Innern eines amerikanischen Autos.
2. Wie man ein Auto auswählt.
3. Worauf ein guter Autofahrer achten muß.

to conclude (from) **schließen (aus)**	convertible **das Kabriolett**	rack **die Hebebühne**
to take a trip **eine Reise machen**	sedan **die Limousine**	lifting jack **der Hebebock, der Wagenheber**
to turn on (headlight; oven, stove) **anstellen**	coupe **das Coupé**	license plate **das Nummernschild**
to fill **füllen, anfüllen**	station wagon **der Kombiwagen**	grease gun **die Schmierpistole**
to change (the oil) **(das Öl) wechseln**	motorist, driver **der Autofahrer, die Autofahrerin**	battery **die Batterie**
to lubricate (to grease) **schmieren**	passenger **der Mitfahrer, die Mitfahrerin; der Passagier, die Passagierin**	radiator **der Kühler**
to get (water, gas, air) **tanken**		crankcase **das Kurbelgehäuse**
to get, receive **erhalten, bekommen**		(*cost of*) upkeep **die Unterhaltungskosten** (*pl. only*)
to distinguish (oneself, itself) from **(sich) unterscheiden von**	service **die Dienstleistung**	model **das Modell**
to consume, use up **verbrauchen**	service-station attendant **der Tankwart**	gas(oline) **das Benzin**
to run (the engine) **(den Motor) laufen lassen**	tire **der Reifen**	gallon **die Gallone** (*3,7 Liter*)
to drive **fahren**	white wall tire **der Weißwandreifen**	liter **der Liter** (*0,26 Gallonen*)
to own **besitzen**	wheel **das Rad**	oil **das Öl**
"to kill two birds with one stone" **„zwei Fliegen mit einer Klappe schlagen"**	trunk **der Kofferraum**	map **die Landkarte**
	headlight **der Scheinwerfer**	seat **der Sitz**
	tail light **das Schlußlicht**	use **der Gebrauch, die Anwendung**
	bumper **die Stoßstange**	reason **der Grund**
gas station **die Tankstelle**	tank **der Tank**	
automobile, car **das Auto(mobil), der Wagen**	gas pump **die Benzinpumpe, die Zapfsäule**	foreign **ausländisch**
	hose **der Schlauch**	far **weit**

Die Tankstelle

Analyse der Zeichnung

1. Was hält der Mann in der Hand, der unter dem Auto auf der Hebebühne steht?
2. Woraus schließen wir, daß der Autofahrer eine Reise machen will?
3. Was macht der Tankwart im Vordergrund?
4. Welche Teile des Autos können Sie sehen? Was für Reifen hat das Auto?
5. Wozu braucht man die zwei Schläuche?
6. Wie unterscheidet sich der Wagen auf der Hebebühne von dem an der Benzinpumpe?
7. Wieso schlägt der Tankwart „zwei Fliegen mit einer Klappe"?
8. Warum scheint der Wagen ein ausländisches Modell zu sein?

Ausgangspunkte

9. Warum muß man ein Nummernschild am Wagen haben?
10. Warum muß immer Wasser im Kühler sein?
11. Wenn Benzin 37 Cents die Gallone kostet, wieviel kostet es, einen 20-Gallonen Tank zu füllen?
12. Wenn Sie einen Tank mit 60 Litern gefüllt haben, ungefähr wieviel Gallonen haben Sie dann gekauft?
13. Wie oft (nach wieviel Meilen) wechselt man normalerweise das Öl im Kurbelgehäuse?
14. Welche Dienstleistungen können Sie an einer Tankstelle erhalten?
15. Nennen Sie die Unterschiede zwischen einer Limousine, einem Coupé, einem Kombiwagen und einem Kabriolett!
16. Warum soll man die Scheinwerfer nicht anstellen, wenn der Motor nicht läuft?
17. Warum bringt man einen Wagen zur Tankstelle, wenn man ihn schmieren lassen will?
18. Wenn Sie einen Wagen besitzen, beschreiben Sie ihn! Wenn Sie keinen besitzen, sagen Sie uns den Grund!
19. Wie weit können Sie mit 18 Gallonen Benzin im Tank fahren, wenn Ihr Wagen alle 15 Meilen eine Gallone verbraucht?
20. Warum haben die meisten Tankstellen mehr als eine Zapfsäule?

Diskussionsthemen

1. Die Unterhaltungskosten eines Wagens.
2. Die Pflichten eines Tankwarts.
3. Frauen und Autos.

to book **buchen**
to book (in advance) **reservieren lassen**
to check the baggage **das Gepäck aufgeben**
to pick up the baggage **das Gepäck abholen**
to take off **abfliegen, aufsteigen**
to land **landen**
to fasten the seatbelt **den Sicherheitsgurt anschnallen**
to be about to **im Begriff sein zu**
to have just (*e.g. seen*) **soeben (*gesehen*) haben**
to show the plane ticket **die Flugkarte vorzeigen**
to wave to, make a sign to **zuwinken (*Dat.*)**
to carry, have (with one) **mit sich führen, dabei haben**
to smoke **rauchen**
to paint **malen**

airport **der Flughafen**
airline **die Fluggesellschaft, die Fluglinie**
airplane **das Flugzeug**
jet **das Düsenflugzeug**
pilot **der Pilot**
stewardess **die Stewardeß**
flight **der Flug**
airline ticket **die Flugkarte**
ticket office **der Kartenschalter**
reservation **die Reservierung**
gate **die Sperre**
observation platform **die Aussichtsterrasse**
control tower **der Kontrollturm**
waiting room **der Wartesaal**
baggage-claim room **die Gepäckausgabe**
passenger **der Passagier, die Passagierin**
tourist **der Tourist, die Touristin**
customs authorities **die Zollbehörde**

customs **der Zoll**
immigration **die Immigration**
documents (passport, entry card, vaccination card, etc.) **die Dokumente (*n.*), die Papiere (*n.*)**
passport **der Paß**
baggage **das Gepäck**
baggage inspection **die Gepäckkontrolle**
baggage cart **der Gepäckkarren**
cockpit **der Führersitz**
engine **der Motor**
wing **der Flügel**
tail **der Schwanz**
seat (*plane*) **der Flugplatz**
take-off **der Abflug**
landing **die Landung**
economy class **die Touristenklasse**
flag **die Flagge, die Fahne**
list **die Liste**

domestic **inländisch**

48

Der Flughafen

Analyse der Zeichnung

1. Was hat der Mann an der Sperre in der Hand?
2. Warum hat der Mann, der zum Flugzeug geht, seinen Koffer nicht aufgegeben?
3. Woher wissen Sie, daß dieses Flugzeug ein Düsenflugzeug ist?
4. Wo sehen Sie Personen, die winken?   Wem winken sie zu?
5. Welcher Passagier könnte während des Fluges Schwierigkeiten haben?
6. Was ist auf dem Gepäckkarren?
7. Wo ist die Aussichtsterrasse?
8. Woher wissen Sie, daß das Flugzeug nicht soeben gelandet ist?
9. Wo befindet sich der Wartesaal?
10. Wo sind die Piloten und Stewardessen?
11. Wie viele Motoren hat das Flugzeug?

Ausgangspunkte

12. Was müssen Sie als Passagier in einem Flugzeug beim Abflug und bei der Landung tun?   Was dürfen Sie nicht tun?
13. Welcher Fluggesellschaft gehört das Flugzeug?
14. Nennen Sie einige Unterschiede zwischen der ersten Klasse und der Touristenklasse!
15. Wo holt man sein Gepäck ab?
16. Wo müssen Sie auf einem Flug von New York nach Frankfurt Ihre Dokumente vorzeigen, nachdem Sie Ihr Gepäck abgeholt haben?
17. Was ist ein Tourist?
18. Wo läßt man Flugplätze reservieren?   Wo kauft man Flugkarten?
19. Warum gibt es keine Zollbehörden auf Flughäfen, auf denen nur inländische Flugzeuge landen?
20. Wann muß man einen Paß mit sich führen?

Diskussionsthemen

1. Beschreibung eines Flughafens (oder eines Flugzeugs).
2. Als die Fluglinie mein Gepäck verlor.
3. Die Pflichten einer Stewardeß.

to travel **reisen**
to depart **abfahren**
to arrive **ankommen**
to come in (*train*) **einlaufen**
to catch (*a train*) **erreichen**
to stop (at) **anhalten**
to carry **tragen**
to check the baggage **das Gepäck aufgeben; das Gepäck aufbewahren**
to happen (to occur, to come to pass) **geschehen**
to be located **sich befinden**

railroad station **der Bahnhof**
ticket **die Fahrkarte**
ticket window **der Fahrkartenschalter**
one-way ticket **die einfache Fahrkarte**
round-trip ticket **die Rückfahrkarte**
timetable **der Fahrplan**
train **der Zug**

freight train **der Güterzug**
express train **der Schnellzug**
local train **der Personenzug**
pullman car **der Schlafwagen**
dining car **der Speisewagen**
locomotive **die Lokomotive**
conductor **der Schaffner**
engineer (*driver*) **der Lokomotivführer**
porter **der Gepäckträger**
baggage check room **die Gepäckaufgabe, die Gepäckaufbewahrung**
locker **das Schließfach**
suitcase **der Koffer**
baggage **das Gepäck**
baggage cart **der Gepäckkarren**
passenger **der Passagier, die Passagierin**
first class **die erste Klasse**
second class **die zweite Klasse**
third class **die dritte Klasse**
track **das Gleis**

track (*platform*) **der Bahnsteig**
newsstand **der Zeitungsstand**
magazine **die Zeitschrift**
coat **der Mantel**
United States **die Vereinigten Staaten**
comparison **der Vergleich**
in comparison with **im Vergleich zu**

main **Haupt-** . . .
instead of **anstatt** (*Gen.*)
inexpensive(ly) **billig**
besides **außer** (*Dat.*)
late **spät; zu spät**
early **früh; zu früh**
diesel **Diesel-** . . .
electric **elektrisch**
mostly **meistens**
at what time **um wieviel Uhr**
according to **laut** (*Dat.*)

Der Bahnhof

Analyse der Zeichnung

1. Was für eine Lokomotive steht auf dem Gleis?
2. Welche Lokomotiven sieht man meistens in den Vereinigten Staaten?
3. Was tut der junge Mann am Zeitungsstand?
4. Beschreiben Sie die kleine alte Frau!
5. Was geschieht am Fahrkartenschalter?
6. Wo könnte der Gepäckträger sein?
7. Was tut der Schaffner gerade?
8. Was macht der Mann, der einen Mantel über dem Arm trägt?
9. Wie viele Koffer können Sie sehen? Wo befinden sie sich?

Ausgangspunkte

10. Was ist ein Gepäckträger?
11. Nennen Sie einige Dinge, die man auf einem Bahnhof sehen und tun kann!
12. Wie kann ein Gepäckträger Ihnen helfen?
13. Wo ißt man im Zug?
14. Was ist der Vorteil einer Rückfahrkarte?
15. Warum hat ein Güterzug keine Schlafwagen?
16. Was ist ein Fahrplan?
17. Wo kann man sein Gepäck auf dem Bahnhof aufbewahren?
18. Welche andere Art der Gepäckaufbewahrung gibt es noch auf dem Bahnhof?
19. Was ist der Hauptunterschied zwischen einem Schnellzug und einem Personenzug?
20. Um wieviel Uhr kommt ein Zug abends an, wenn er laut europäischem Fahrplan um 19:00 Uhr einlaufen soll?

Diskussionsthemen

1. Wie man billig reist.
2. Der Zug kam heute zu spät an.
3. Europäische Züge im Vergleich zu amerikanischen Zügen.

to go on a voyage **eine Seereise unternehmen, eine Seereise machen**	tugboat **der Schlepper**	cabin **die Kabine**
to sail **abfahren; segeln**	steamer **das Dampfschiff, der Dampfer**	stateroom **die Luxuskabine**
to wave **winken**		sea **die See, das Meer**
to sink **untergehen, sinken**	freighter **das Frachtschiff, der Frachtdampfer, der Frachter**	skyline **die Silhouette**
to converse, chat **sich unterhalten**	navy **die Marine**	smoke **der Rauch**
to recognize **erkennen**	submarine **das Unterseeboot**	smokestack **der Schornstein**
to dream **träumen**	aircraft carrier **der Flugzeugträger**	seagull **die Möwe**
	destroyer **der Zerstörer**	truck **der Lastwagen**
harbor, port **der Hafen**	war-ship **das Kriegsschiff**	building **das Gebäude**
pier, dock **der Pier, der Anlegeplatz**	deck **das Deck**	side **die Seite**
ship **das Schiff**	porthole **das Bullauge**	pennant **der Wimpel, das Fähnchen**
captain **der Kapitän**	mast **der Mast**	
sailor **der Matrose**	propeller **die Schiffsschraube**	responsible (for) **verantwortlich (für)**
passenger **der Passagier**	bow **der Bug**	together **zusammen**
lifeboat **das Rettungsboot**	stern **das Heck**	ready **fertig, bereit**

Der Hafen

Analyse der Zeichnung

1. Können Sie auf diesem Bild erkennen, wo der Bug und wo das Heck des großen Schiffes ist? Wenn ja, wie können Sie es erkennen? Wenn nicht, warum nicht?
2. Woher wissen Sie, daß das Schiff am Anlegeplatz kein Kriegsschiff ist?
3. Wo sind die Bullaugen?
4. Warum kann man keine Kabinen sehen?
5. Nennen Sie die Anzahl der Decks und sagen Sie, wen Sie darauf sehen!
6. Warum scheint das große Schiff im Hintergrund ein Frachter zu sein?
7. Woher kommt der Rauch?
8. Wo sehen Sie einen Lastwagen?
9. Beschreiben Sie die Silhouette der Stadt, die Sie im Hintergrund sehen!
10. Wo kann man einige Wimpel sehen?
11. Worüber unterhalten sich wohl die drei Männer, die zusammen am Pier stehen?
12. Warum ist die Möwe typisch für ein Hafenbild?
13. Woher wissen Sie, daß die Dame links jemand auf dem Schiff kennt?
14. Beschreiben Sie den Hafen!

Ausgangspunkte

15. Wer ist auf einem Schiff für alles verantwortlich?
16. Wann wird ein Rettungsboot benützt?
17. An welchem Ende des Schiffes ist die Schiffsschraube?
18. Wenn jemand Ihre Reise nach Deutschland bezahlte, würden Sie gerne gehen? Wenn nicht, warum nicht? Wann wären Sie bereit, abzufahren?
19. Was ist ein Unterseeboot?
20. Nennen Sie den Unterschied zwischen einem Flugzeugträger und einem Zerstörer!

Diskussionsthemen

1. Die See.
2. Eine Seereise, von der ich oft träume.
3. Der Hafen, vom Schiff aus gesehen.

to register a letter **einen Brief ein-schreiben lassen**
to weigh **wiegen**
to deliver mail **Post austragen**
to mail **absenden, versenden**
to put postage stamps on **frankieren**
to hold **halten**
to lose **verlieren**
to be (*to be located*) **sich befinden**
to mean, signify **besagen; bedeuten**

post office **das Postamt**
United States **die Vereinigten Staaten**
postcard **die Postkarte**
envelope **der Umschlag, der Briefumschlag**
mailbox **der Briefkasten**
letter slot **der Briefeinwurf**
postage stamp **die Briefmarke**
airmail **die Luftpost**
airmail stamp **die Luftpostmarke**

special delivery **per Eilboten**
special delivery stamp **die Eilgebührmarke**
commemorative stamp **die Gedenkmarke**
regular mail (*first class*) **die gewöhnliche Post**
second class mail **die Drucksache**
registered mail **die eingeschriebene Post**
registered letter **der Einschreibebrief**
mailing, dispatching **die Absendung**
return address **der Absender**
postmark **der Poststempel**
fee **die Gebühr**
postage **das Porto**
domestic postage **die Inlandsgebühr**
foreign postage **die Auslandsgebühr**
home country **das Inland**
foreign countries **das Ausland**
(*postal clerk's*) window **der Schalter**
postage meter **die Frankiermaschine**

metered postage **die Frankierung**
sheet of stamps **der Briefmarkenbogen**
mailman, letter carrier **der Postbote, der Briefträger**
post office box **das Postfach**
general delivery **postlagernd**
home delivery **die Lieferung ins Haus**
zone number **die Postleitzahl**
C.O.D. **per Nachnahme**
package **das Paket, das Päckchen**
ounce **die Unze**
pound **das Pfund**
purse **die Handtasche**
color **die Farbe**
place **die Stelle**

regular **gewöhnlich**
necessary **erforderlich**
at home **im Inland**
abroad **im Ausland**

Das Postamt

Analyse der Zeichnung

1. Was macht die Dame im Vordergrund?
2. Warum hält sie die Briefe im Mund?
3. Was macht die Dame links im Bild?
4. Welche Personen tragen Pakete, und wo befinden sie sich?
5. Welche Person trägt nichts in der Hand, und wo befindet sie sich?

Ausgangspunkte

6. Wieviel kostet eine Briefmarke für einen gewöhnlichen Brief im Inland?
7. Was ist eine Postkarte, und wie hoch ist die Gebühr dafür?
8. Was bedeutet „per Nachnahme"?
9. Welche Farben hat im allgemeinen ein Luftpostumschlag?
10. Was versteht man unter „Frankierung"?
11. Warum ist die Postgebühr für das Ausland im allgemeinen höher als für das Inland?
12. An welchen Tagen der Woche wird in den Vereinigten Staaten keine Post ausgetragen?
13. Was bedeutet „postlagernd"?
14. Was besagt der Poststempel?
15. Wieviel Unzen hat ein Pfund?
16. Was ist der Unterschied zwischen gewöhnlicher und eingeschriebener Post?
17. Auf welche Stelle des Umschlags schreibt man in U.S.A. den Absender?
18. Wann schickt man einen Einschreibebrief?
19. Was geschieht, wenn man einen Brief ohne Briefmarke absendet?
20. Warum wird ein Paket vor der Absendung gewogen?

Diskussionsthemen

1. Gedenkmarken der Vereinigten Staaten.
2. Die fünf Stellen der Postleitzahl und was sie bedeuten.
3. Warum ich (kein) Briefträger sein möchte.

to stop (*check in*) at a hotel **in einem Hotel absteigen**
to stay at a hotel **in einem Hotel wohnen**
to spend the night **übernachten**
to register (*fill out the card*) **registrieren, sich eintragen**
to check into a hotel **sich anmelden**
to check out of a hotel **sich abmelden**
to show to the room **in das Zimmer führen**
to pay the bill **die Rechnung bezahlen**
to clean **reinigen**
to call (for) **klingeln (nach)**
receive, get **erhalten, bekommen**
to point (to), suggest **hindeuten (auf)**

hotel **das Hotel**
motel **das Motel**

suitcase (bag) **der Koffer**
luggage (bags) **das Gepäck**
porter **der Portier**
front desk **das Anmeldepult**
desk clerk **der Empfangschef**
(hotel) guest **der (Hotel)gast**
mail **die Post**
mailbox **der Briefkasten**
mail compartments **die Postfächer**
key **der Schlüssel**
bellboy **der Hotelboy**
lobby **die Hotelhalle**
elevator **der Aufzug**
rug **der Teppich**
mirror **der Spiegel**
fur coat **der Pelzmantel**
hat **der Hut**
purse **die Handtasche**
floor (*on which one walks*) **der Fußboden**

floor (*story*) **das Stockwerk, die Etage, der Stock**
ground floor (main floor, first floor) **das Erdgeschoß**
second floor (*European first floor*) **das erste Stockwerk**
chambermaid **das Stubenmädchen**
(room) waiter **der (Zimmer)kellner**
service **die Bedienung**
room service **die Zimmerbedienung**
tip **das Trinkgeld**
bill **die Rechnung**
logic **die Logik**
system **das System**

unlucky **unglücklich**
respectively **beziehungsweise**
outside **außerhalb** (*Gen.*)
first class **erstklassig**

56

Das Hotel

Analyse der Zeichnung

1. Welche Merkmale deuten auf ein großes erstklassiges Hotel hin?
2. Welche Personen tragen einen Hut?
3. Wie viele Koffer kann man sehen?   Wo sind sie?
4. Wie viele Aufzüge hat das Hotel?   Wo sehen sie diese?
5. Woher wissen wir, daß die Gäste sich anmelden und nicht abmelden?
6. Was trägt die Dame auf ihrem linken Arm?   auf ihrem rechten Arm?   Was hält sie in der linken Hand?
7. Wer gibt wem einen Schlüssel?   Warum?
8. Wo sind die Postfächer, und was sieht man in einigen von ihnen?
9. Was sehen Sie rechts im Hintergrund?
10. Wie viele Hotelboys kann man sehen, und wo sind sie?   Was tun sie gerade?

Ausgangspunkte

11. Wann bezahlt der Gast normalerweise seine Rechnung?
12. Wann und warum gibt man im allgemeinen einem Hotelboy ein Trinkgeld?
13. Wann und warum klingelt man nach dem Zimmerkellner (dem Stubenmädchen)?
14. Wissen Sie, daß die meisten großen Hotels nach dem 12. Stockwerk das 14. haben?   Wie erklären Sie das?
15. Wissen Sie, daß außerhalb der Vereinigten Staaten das Stockwerk, das wir normalerweise das „erste Stockwerk" nennen, das Erdgeschoß ist, das „zweite Stockwerk" das erste, u.s.w.?   Was ist die Logik dieser zwei Systeme?
16. Warum haben die meisten Motels keine Aufzüge?
17. Wer reinigt die Hotelzimmer?   Wann und wie oft?
18. Wie sagt man auf deutsch: „the rug on the floor of the third floor"?
19. Ziehen Sie es vor, in einem Hotel oder einem Motel zu übernachten?
20. Wie erhält man Post in einem Hotel?

Diskussionsthemen

1. Der Unterschied zwischen einem Hotel und einem Motel.
2. Die Hotelhalle.
3. Was der Hotelboy mir sagte.

to lend **leihen, ausleihen**
to borrow **borgen**
to deposit **einzahlen; deponieren**
to withdraw **abheben**
to invest **anlegen; investieren**
to cash (*a check*) **einlösen, einkassieren**
to fill out (*a form*) **ausfüllen**
to form a line (*of people*) **eine Schlange bilden**
to stand in line **Schlange stehen, sich anstellen**
to function, work **funktionieren, arbeiten**
to sign **unterschreiben**
to discuss **besprechen, diskutieren**
to refer (to) **sich beziehen (auf)**
to rain **regnen**

bank **die Bank**
teller **der Schalterbeamte, die Schalterbeamtin**

window (*of a teller*) **der Schalter**
deposit slip **das Einzahlungsformular**
withdrawal slip **das Auszahlungsformular**
interest (*money paid or charged*) **die Zinsen** (*pl. only*)
loan **die Anleihe**
department, section **die Abteilung**
stock (*share of the stock market*) **die Aktie**
guard **der Wächter**
employee **der Angestellte, die Angestellte**
wallet **die Brieftasche**
safe, vault **der Geldschrank, der Safe**
safe deposit box **das Schließfach**
purse (*lady's*) **die Handtasche**
check **der Scheck**
checking account **das Scheckkonto, das Girokonto**
traveller's check **der Reisescheck**

customer **der Kunde, die Kundin**
standing desk, high desk **das Stehpult**
bank book (*passbook*) **das Bankbuch, das Sparbuch**
savings account **das Sparkonto**
bill (*money due*) **die Rechnung**
bill (*banknote*) **die Banknote, der Geldschein**
banking hours **die Bankstunden** (*pl.*)
banking **das Bankwesen**
sign **das Schild**
time (*occasion*) **das Mal**
ledge **der Rand, der Sims**
convenience **die Bequemlichkeit**
inconvenience **die Unbequemlichkeit**
advantage **der Vorzug, der Vorteil**
disadvantage **der Nachteil**
waste basket **der Papierkorb**

outside, out of doors **draußen**
usual **üblich**

58

Die Bank

Analyse der Zeichnung

1. Wie viele Leute sind in der Bank?
2. Wie ist das Wetter draußen?
3. Was dürften die Leute in der Abteilung rechts wohl besprechen?
4. Wo ist der Papierkorb?
5. Werden die Angestellten bald nach Hause gehen?   Erklären Sie Ihre Antwort!
6. Wo stehen die Kunden Schlange?
7. Was tun die Leute am Stehpult?
8. Wer hat etwas vergessen?   Was?   Wo ist es?
9. Worauf bezieht sich das Schild „4%"?
10. Wo ist der Schalterbeamte?
11. Wo ist der Wächter?

Ausgangspunkte

12. Wieviel Geld haben Sie heute in Ihrer Brieftasche, und was werden Sie damit tun?
13. Wie zahlt man Geld auf eine Bank ein?   Wie hebt man Geld von einer Bank ab?
14. Was ist der Vorteil eines Scheckkontos?
15. Wann sind die üblichen Bankstunden?
16. Wann waren Sie das letzte Mal in einer Bank?   Warum sind Sie dort gewesen?
17. Was sind Zinsen, und wann erhält man sie?
18. Was ist der Vorteil von Reiseschecks?
19. Wie löst man einen Scheck ein?
20. Was sind die Vor- und Nachteile der Arbeit eines Bankangestellten?

Diskussionsthemen

1. Über das Bankwesen.
2. Die Vorzüge und Nachteile eines Schließfachs.
3. Wie ich mein Geld anlegen würde.

to cut hair **die Haare schneiden**
to get a haircut **sich die Haare schneiden lassen**
to shave (oneself) **sich rasieren**
to get a shave **sich rasieren lassen**
to have a wrap around oneself **einen Umhang umhaben**
to shine shoes **die Schuhe putzen**
to get a shoeshine **sich die Schuhe putzen lassen**
to be on one's feet **auf den Beinen sein**
to wait (one's turn) **warten (bis man an der Reihe ist)**
to comb **kämmen**
to grow **wachsen, wachsen lassen**
to plan, intend **beabsichtigen, vorhaben**

barber **der (Herren)friseur**
barber shop **der Herrensalon**
hair **das Haar**
haircut **der Haarschnitt**
comb **der Kamm**
scissors **die Schere**
shave **die Rasur**
shaving cream **die Rasierseife**
lather **der Schaum**
razor **der Rasierapparat**
razor blade **die Rasierklinge**
straight razor **das Rasiermesser**
electric razor **der elektrische Rasierapparat**
clippers **die Haarschneidemaschine**
stubbles **die (Bart)stoppeln**
whiskers **das Barthaar, der Backenbart**
cheek **die Wange, die Backe**

moustache **der Schnurrbart**
beard **der Bart**
sideburns **die Koteletten**
coat rack **der Kleiderständer**
hat rack **die Hutablage**
shoeshine **das Schuhputzen**
wrap **der Umhang**
soap **die Seife**
customer **der Kunde**
barber's pole **das Zunftzeichen des Herrenfriseurs** (*in den Vereinigten Staaten*)
newspaper **die Zeitung**

left-handed **linkshändig**
right-handed **rechtshändig**
red **rot**
white **weiß**

Der Herrensalon

Analyse der Zeichnung

1. Was macht der Friseur auf dem Bild?
2. Warum hat der Kunde einen Umhang um?
3. Wer läßt sich gerade die Schuhe putzen?
4. Woher wissen Sie, daß der Friseur linkshändig ist?
5. Wo sehen Sie einen Hut?
6. Was befindet sich unter der Hutablage?
7. Was sehen Sie im Hintergrund des Bildes?

Ausgangspunkte

8. Welche Farben hat das Zunftzeichen eines Herrenfriseurs?
9. Benützen Sie lieber ein Rasiermesser oder einen elektrischen Rasierapparat? Warum?
10. Warum muß ein Friseur den größten Teil des Tages auf den Beinen sein?
11. Wie oft lassen Sie sich die Haare schneiden?
12. Wieviel bezahlen Sie für einen Haarschnitt?
13. Wieviel bezahlen Sie für das Schuhputzen?
14. Was kann man tun, wenn man beim Friseur warten muß?
15. Was sind Koteletten?
16. Wann benützt der Friseur eine Haarschneidemaschine?
17. Möchten Sie Herrenfriseur sein? Wenn ja, warum? Wenn nicht, warum nicht?
18. Was ist ein Bart? Was ist ein Schnurrbart?
19. Haben Sie vor, sich einen Schnurrbart oder einen Bart wachsen zu lassen? Wann?
20. Wie rasiert man sich ohne Seife?

Diskussionsthemen

1. Wie man sich mit einem Rasiermesser rasiert.
2. Wie der Friseur die Haare schneidet.
3. Beschreibung eines typischen Herrensalons.

to cut **schneiden**	to need, require **brauchen**	redhead **die Rothaarige**
to wash **waschen**	to consist (of) **bestehen (aus)**	manicurist **die Maniküre**
to rinse **spülen**		manicure **die Maniküre**
to set **legen, einlegen**	beauty parlor **der Damenfrisiersa-**	finger nail **der Fingernagel**
to comb (out) **(aus)kämmen**	**lon, der Friseursalon**	nail polish **der Nagellack**
to do the hair (*brush, comb, pin up,*	beautician, hair dresser **der Friseur,**	smock **der Kittel**
etc.) **frisieren**	**die Friseuse**	earring **der Ohrring**
to have one's hair done **sich frisieren**	hair **das Haar**	tray **das Tablett**
lassen	hair style **die Frisur**	bottle **die Flasche**
to dry **trocknen**	shampoo **das Haarwaschmittel, das**	head **der Kopf**
to manicure **maniküren**	**Schampun**	customer **die Kundin**
to roll on curlers **auf Lockenwickler**	dryer **die Trockenhaube**	
aufrollen	comb **der Kamm**	blond **blond**
to take out the curlers **die Locken-**	curler **der Lockenwickler**	brunette **brünett**
wickler herausnehmen	hair pin **die Haarnadel**	redheaded **rothaarig**
to bleach **bleichen, blondieren**	bobby pin **die Haarklammer**	probably **wahrscheinlich**
to tease (*hair*) **toupieren**	blonde **die Blondine**	surely **sicherlich**
to wait on **bedienen**	brunette **die Brünette**	

62

Der Damenfrisiersalon

Analyse der Zeichnung

1. Was macht der Friseur mit dem Haar der Frau?
2. Beschreiben Sie, was links im Hintergrund geschieht!
3. Welchen Kundinnen wurden bereits die Haare gewaschen?
4. Was befindet sich wahrscheinlich in der Flasche auf dem Tablett?
5. Warum braucht die Maniküre keinen Kamm?
6. Wer trägt keinen Kittel?   Warum nicht?
7. Welche Kundin ist wahrscheinlich schon am längsten im Frisiersalon und warum?
8. Welche Personen tragen sicherlich keine Ohrringe?
9. Wie gefällt Ihnen die Frisur der Dame, deren Haar gerade frisiert wird?

Ausgangspunkte

10. Warum gehen Frauen öfter zum Friseur?
11. Was macht eine Friseuse mit dem Haar einer Kundin bevor sie es legt?
12. Was geschieht, nachdem das Haar auf Lockenwickler aufgerollt ist?
13. Wann werden die Lockenwickler herausgenommen?
14. Was mögen Sie am wenigsten: das Waschen, das Legen oder das Trocknen des Haares?
15. Lassen Sie sich lieber von einem Friseur oder von einer Friseuse bedienen? Warum?
16. Worüber denken Sie nach, wenn Sie unter der Trockenhaube sitzen?
17. Aus was besteht eine Maniküre?
18. Was kann eine Brünette tun, wenn sie eine Blondine oder eine Rothaarige werden möchte?
19. Wie lange braucht das eingelegte Haar, um zu trocknen?
20. Wann benützt man Haarnadeln und wann Haarklammern?

Diskussionsthemen

1. Beschreibung eines Damenfrisiersalons.
2. Frisuren von heute.
3. Das größte Problem der Frau: ihr Haar.

to take sick **krank werden, erkranken**
to treat (*an illness*) **behandeln**
to take one's pulse **jemand den Puls fühlen**
to take the temperature **die Temperatur messen**
to live **leben**
to die **sterben**
to suppose **annehmen**
to listen (to) **anhören; abhören** (*examine*)

hospital **das Krankenhaus, das Hospital, die Klinik**
sanitarium **das Sanatorium**
doctor **der Arzt, der Doktor**
nurse **die Krankenschwester**
patient **der Patient, die Patientin**

medicine **die Medizin, die Arznei, das Medikament**
thermometer **das Thermometer**
chart **die Tabelle**
temperature **die Temperatur**
tray **das Tablett**
bed **das Bett**
injury **die Verletzung**
sickness, illness, disease **die Krankheit**
private room **das Einzelzimmer**
semi-private room **das Doppelzimmer**
ward **der Krankensaal**
bandage **der Verband**
medical insurance **die Krankenversicherung**
inoculation **die Impfung**
smallpox **die Pocken** (*pl. only*)

appendicitis **die Blinddarmentzündung**
heart attack **der Herzanfall**
heart **das Herz**
stethoscope **das Stethoskop, das Hörrohr**
wrist **das Handgelenk**
wrist watch **die Armbanduhr**
sheet **das Bettlaken**
condition **der Zustand**
visitor **der Besucher**
visiting hours **Besuchszeiten**
flower **die Blume**

sick **krank**
healthy **gesund**
nowadays **heutzutage**
serious **ernst, schwer** (*illness only*)
probably **wahrscheinlich**

Das Krankenhaus

Analyse der Zeichnung

1. Was macht gerade die Krankenschwester?
2. Was tut der Arzt auf dem Bild?
3. Warum hat der Patient wahrscheinlich eine Verletzung und keine Krankheit?
4. Wo kann man Blumen und ein Tablett mit Medikamenten sehen?
5. Warum trägt eine Krankenschwester eine Armbanduhr?
6. Beschreiben Sie den Arzt!
7. In welchem Zustand befindet sich der Patient?
8. Warum kann man den rechten Arm des Patienten nicht sehen?

Ausgangspunkte

9. Warum bekommen in Amerika heutzutage sehr wenige Leute Pocken?
10. Was ist der Unterschied zwischen einem Krankenhaus und einem Sanatorium?
11. Wozu benützt der Arzt ein Stethoskop?
12. Was ist ein Krankensaal?   ein Einzelzimmer?   ein Doppelzimmer?
13. Erklären Sie, was man unter einer Krankenversicherung versteht!
14. Wer sind die gesunden Leute im Krankenhaus?
15. Was versteht man unter Besuchszeiten?
16. Warum würden Sie ein Krankenhaus lieber besuchen als dort Patient zu sein?
17. Warum ist es besser, eine ernste Krankheit im Krankenhaus und nicht zu Hause behandeln zu lassen?
18. Wie fühlt man den Puls?
19. Wie lange hoffen Sie zu leben?
20. Warum ist ein Herzanfall sehr ernst?

Diskussionsthemen

1. Meine schwerste Krankheit.
2. Wie man die Temperatur mißt.
3. Das beste Krankenhaus in unserer Stadt.

to persuade **überreden, überzeugen**

to vote **wählen, stimmen, die Stimme abgeben**

to go on strike **in den Streik treten, streiken**

to call a strike **zum Streik aufrufen**

to give a speech **eine Rede halten**

to debate **debattieren, erörtern**

to preach **predigen**

to plead (*a cause*) **plädieren**

to sway, exert influence on **Einfluß ausüben (auf)**

to listen **zuhören**

to disagree (with) **nicht übereinstimmen (mit)**

art of persuasion **die Überredungskunst**

assembly, meeting **die Versammlung**

trial, hearing **die Verhandlung**

policeman **der Polizist**

voter **der Wähler**

voting booth **die Wahlkabine**

election **die Wahl, die Wahlen**

(*written*) ballot **der Stimmzettel**

ballot box **die Wahlurne**

voting machine **die Wahlmaschine**

curtain **der Vorhang**

privacy **die Geheimhaltung; die Zurückgezogenheit**

worker **der Arbeiter, die Arbeiterin**

strike **der Streik**

factory **die Fabrik**

sign **das Schild**

trade union **die Gewerkschaft**

fence **der Zaun**

student leader **der Studentenführer**

speech **die Rede, die Ansprache**

speaker **der Redner, der Sprecher**

microphone **das Mikrophon**

campus **das Universitätsgelände**

listeners (*audience*) **die Hörerschaft**

public (*audience*) **das Publikum**

politician **der Politiker**

judge **der Richter**

lawyer, attorney **der Rechtsanwalt**

courtroom **der Gerichtssaal**

robe **der Talar**

ecclesiastic **der Geistliche**

sermon **die Predigt**

pulpit **die Kanzel**

congregation **die Religionsgemeinde**

party (*political*) **die Partei**

privilege **das Recht, das Vorrecht**

democratic **demokratisch**

republican **republikanisch**

relative **relativ**

extemporaneous **aus dem Stegreif, unvorbereitet**

following subsequent, **folgend**

to what extent, in what way **inwiefern**

both . . . and **sowohl . . . als auch**

66

Die Überredungskunst

Analyse der Zeichnung

1. Warum hat die Wahlkabine einen Vorhang?
2. Warum steht ein Polizist neben der Wahlkabine?
3. Beschreiben Sie, was hinter dem Zaun zu sehen ist!
4. Warum trägt der Arbeiter ein Schild?
5. Warum nehmen wir an, daß die Versammlung auf dem Bild oben rechts auf einem Universitätsgelände stattfindet?
6. Was scheint der Studentenführer zu tun? Stimmen die Studenten mit ihm überein?
7. Welche zwei Gebäude kann man auf diesen sechs Bildern sehen?
8. Was ist der Unterschied zwischen der Ansprache des Politikers und der des Studentenführers?
9. Wo und vor wem plädiert der Rechtsanwalt?
10. Welche Personen tragen einen Talar?
11. Von wo und zu wem spricht der Geistliche?

Ausgangspunkte

12. Für welche Parteien kann der amerikanische Wähler normalerweise seine Stimme abgeben?
13. Was ist eine Gewerkschaft?
14. Was bedeutet „in den Streik treten"?
15. Sowohl die Dame in der Wahlkabine, als auch der Mann, der das Schild trägt, haben gewählt. Für welche Parteien haben sie wahrscheinlich gestimmt?
16. Was ist der Unterschied zwischen den folgenden drei Worten: die Versammlung, das Publikum, die Religionsgemeinschaft?
17. Was ist der Unterschied zwischen „predigen" und „debattieren"? zwischen einer „Predigt" und einer „Rede"?
18. Inwiefern bestehen Ähnlichkeiten zwischen einem Geistlichen, einem Politiker und einem Rechtsanwalt?
19. Wählen Sie zwei Redner auf dem Bild aus und sagen Sie uns, wovon diese ihre Hörerschaft überzeugen wollen!
20. Man muß zuerst selbst überzeugt sein, bevor man andere überzeugen kann. Erklären Sie das!

Diskussionsthemen

1. Das Recht, andere zu überzeugen.
2. Die Wahlmaschine und der Stimmzettel: die Vor- und Nachteile beider.
3. Studenten haben (nicht) das Recht zu streiken.

Stenotypistin

mit Englischkenntnissen, per sofort gesucht.

Film- und Fernsehstudio
C H A R L E S   W I L P

4 Düsseldorf, Corneliusstraße 15
Schriftl. od. telef Anmeldung
erbeten. Telefon 1 38 06 u. 1 24 07

Junges Ehepaaar, mit 2 Kindern,
Mädchen 3 Jahre, Junge 5 Mo-
nate, in Frankfurt/M., schönste
Wohngegend, sucht ab sofort

**kinderliebende
Haustochter**

Eig. Zimmer, Familienanschluß,
gute Bezahlung. Zuschriften u.
L Z 02260 an die Frankfurter
Allgemeine, 6 Ffm. 1, Postf. 3463.

to advertise (*in general*) **Reklame machen, werben**
to advertise (*in the classified pages*) **inserieren, annoncieren**
to spend (*money*) **ausgeben**
to offer **anbieten**
to qualify **sich eignen**
to invent **erfinden**
to be worth while, "to pay" **sich lohnen, sich auszahlen**
to place, mount **anbringen**
to discuss **sprechen über, besprechen**
to request **erbitten**
to read aloud **vorlesen**
the advertisement reads as follows **die Reklame lautet folgendermaßen**

advertising **die Werbung, die Reklame**
advertisement **die Anzeige, das Inserat, die (Werbe)annonce**
advertiser **der Inserent**

billboard **die Reklametafel**
board **die Tafel**
hotel **das Hotel**
help wanted ad **das Stellenangebot**
situation wanted ad **das Stellengesuch**
stenographer **die Stenotypistin**
knowledge **die Kenntnis**
application **die Bewerbung**
married couple **das Ehepaar**
residential district **die Wohngegend**
mother's helper **die Haustochter**
payment **die Bezahlung**
reply **die Zuschrift**
job **die Position, die Stellung**
radio **das Radio**
radio announcer **der Radiosprecher, der Radioansager**
script **das Manuskript**
product **das Produkt, die Ware**
television **das Fernsehen**
television set **der Fernsehapparat**

television announcer **der Fernsehansager**
"commercial" **die Werbesendung, die Reklamesendung**
television commercial **die Fernsehwerbung**
slogan **das Schlagwort, der Werbespruch**
magazine **die Zeitschrift**
sign **das Schild**
bus **der Bus**
importance **die Bedeutung; die Wichtigkeit**

effective **wirksam, wirkungsvoll**
suitable **geeignet**
full-page **ganzseitig**
advantageous **vorteilhaft**
immediately **per sofort, ab sofort**
fond of children **kinderliebend**
(*treated*) as one of the family **mit Familienanschluß** (*m.*)

Die Werbung

Analyse der Zeichnung

1. Warum ist die Autobahn ein (kein) guter Platz für eine Reklametafel?
2. Erfinden Sie einen Werbespruch für die Reklametafel!
3. Warum ist die Tafel auf der Autobahn falsch angebracht?
4. Übersetzen Sie die Stellenangebote!
5. Für welche angebotene Stellung würden Sie sich (nicht) eignen? Erklären Sie warum!
6. Was könnte der Radioansager aus dem Manuskript vorlesen?
7. Beschreiben Sie das Inserat in der Zeitschrift!
8. Erfinden Sie eine geeignete Reklame für die Fernsehwerbung!
9. Wie könnte das Schild auf dem Bus lauten?

Ausgangspunkte

10. Was ist ein Stellenangebot?
11. Schreiben Sie ein Stellengesuch für eine Stellung, für die Sie sich eignen würden!
12. Was ist ein Manuskript?
13. Was ist eine Werbesendung?
14. Nennen Sie verschiedene Reklamearten!
15. Ist es schwieriger, Fernsehansager oder Radiosprecher zu sein?
16. ,,Es lohnt sich, zu annoncieren!" Erklären Sie dieses Motto!
17. Warum ist es vorteilhaft, ein Reklameschild an einem Bus anzubringen?
18. Wie kann ein Inserent wissen, ob seine Werbeannonce wirksam ist oder nicht?
19. Übersetzen Sie einige bekannte amerikanische Werbesprüche ins Deutsche!
20. Welche Waren werden im Fernsehen am meisten annonciert?

Diskussionsthemen

1. Erfinden Sie eine ganzseitige Anzeige für eine Zeitschrift.
2. Die Reklame und ihre Bedeutung.
3. In Deutschland dürfen auf Autobahnen keine Reklametafeln angebracht werden. Sprechen Sie über die Vorteile und Nachteile solcher Reklametafeln!

to publish **veröffentlichen**	chief editor **der Chefredakteur**	criticism **die Rezension**
to edit **redigieren**	city editor **der Lokalredakteur**	critic **der Rezensent, der Kritiker**
to type **mit der Schreibmaschine schreiben, tippen**	sports editor **der Sportredakteur**	women's page **die Frauenseite**
to telephone **telefonieren**	correspondent **der Korrespondent**	front page **die Titelseite**
to correct **korrigieren, verbessern**	reporter **der Reporter**	comics **die Karikaturenserie**
to differ (from) **sich unterscheiden (von)**	editor **der Redakteur**	event **das Ereignis, die Begebenheit**
	proofreader **der Korrektor**	dispatch **die Meldung**
	newspaper man **der Journalist**	magazine **die Zeitschrift**
	copy boy **der Botenjunge**	part **der Teil**
editorial room, newspaper office **das Redaktionszimmer, die Redaktion** (*einer Zeitung*)	newspaper **die Zeitung**	mistake **der Fehler, der Irrtum**
	journalism **der Journalismus**	opinion **die Meinung, die Ansicht**
telephone **das Telefon**	headline **die Schlagzeile**	reason **der Grund**
teletype **der Fernschreiber**	press **die Presse**	eyeshade **der Augenschirm**
typewriter **die Schreibmaschine**	story **der Bericht; die Geschichte**	sports **der Sport**
photograph **die Fotografie**	news **die Nachrichten**	
office **das Büro**	news item **die Zeitungsnotiz**	
boss **der Chef**	advertising **die Werbung, die Reklame**	world (*adjective*) **Welt-** . . .
	editorial **der Leitartikel**	local **lokal**
		indispensable **unerläßlich**

70

Die Redaktion

Analyse der Zeichnung

1. Was tun die zwei Journalisten links im Hintergrund?
2. Was macht die Dame auf dem Bild?
3. Wo kann man Fotografien sehen?
4. Was macht der Mann, der den Augenschirm trägt?
5. Beschreiben Sie den Mann, der gerade telefoniert!
6. Wo ist der Botenjunge, und was tut er?
7. Woran können Sie sehen, daß dies eine Redaktion ist?
8. Beschreiben Sie das ganze Bild!

Ausgangspunkte

9. Welche Aufgaben hat ein Chefredakteur?
10. Was ist ein Korrektor?
11. Auf welcher Seite einer Zeitung befinden sich die Schlagzeilen?
12. Wer schreibt über lokale Ereignisse?
13. Wie unterscheidet sich eine Zeitung von einer Zeitschrift?
14. Wer redigiert die Sportnachrichten?
15. Was ist der Unterschied zwischen einem Reporter und einem Redakteur?
16. Was ist ein Leitartikel?
17. Lesen Sie jeden Tag eine Zeitung? Wenn nicht, warum nicht? Wenn ja, welche Zeitung lesen Sie?
18. Warum sind eine Schreibmaschine und ein Telefon für einen Journalisten unerläßlich?
19. Nennen Sie die Teile einer typisch amerikanischen Zeitung!
20. Welche Teile in der Zeitung lesen Sie und welche nicht?

Diskussionsthemen

1. Der amerikanische Journalismus heute.
2. Beschreibung einer Zeitungsnotiz, die in der amerikanischen Presse auf der ersten Seite erscheinen würde.
3. Warum ich immer (niemals) die Zeitung lese.

to put on a play **eine Vorstellung geben, ein Theaterstück aufführen**
to perform, act **spielen**
to applaud **applaudieren**
the curtain goes up **der Vorhang geht auf**
to tip **ein Trinkgeld geben**
to spend (*time*) **verbringen**
to be located **sich befinden**
to be about (to) **im Begriff sein (zu)**
to think (of) **halten (von)**
to leave (*behind*) **vergessen, zurücklassen**
to leave (*go away from*) **verlassen** (*trans. only*)

(student) theatre **das (Studenten)theater**
play **das Theaterstück, das Drama**
playwright **der Dramatiker, der Autor**
actor **der Schauspieler**

actress **die Schauspielerin**
role **die Rolle**
box seat **der Logensitz**
orchestra seat **der Orchestersitz**
balcony seat **der Balkonsitz**
aisle **der Gang**
stage **die Bühne**
usher **der Platzanweiser, die Platzanweiserin**
box office (*ticket window*) **die Theaterkasse**
custom, tradition **die Sitte**
theater ticket **die Theaterkarte**
lobby **das Foyer**
audience **das Publikum**
intermission **die Pause**
opening night **die Premiere**
act **der Akt, der Aufzug**
scene **die Szene**
failure **der Mißerfolg**
synopsis **die kurze Zusammenfassung**
(emergency) exit **der (Not)ausgang**

wedding **die Hochzeit**
wedding trip **die Hochzeitsreise**
honeymoon **die Flitterwochen** (*pl. only*)
married couple **das Ehepaar**
bride **die Braut**
groom **der Bräutigam**
wedding ring **der Ehering**
ring finger **der Ringfinger**
priest **der Pfarrer, der Priester**
minister, pastor **der Pastor**
rabbi **der Rabbiner**
temple **die Synagoge**
altar **der Altar**
pew **die Kirchenbank**
Catholic **der Katholik** (*adj.:* **katholisch**)
Protestant **der Protestant** (*adj.:* **protestantisch, evangelisch**)
Jew **der Jude** (*adj.:* **jüdisch**)

recently **kürzlich, vor kurzem**

Das Theater

Analyse der Zeichnung

1. Für wen ist es schwierig, die Bühne zu sehen? Warum?
2. Wo befinden sich die Logensitze?
3. Beschreiben Sie den Herrn, der im Begriffe ist, das Theater zu verlassen!
4. Was für eine Szene wird gerade gespielt?
5. Welche Rollen spielen die Schauspieler und Schauspielerinnen auf der Bühne?
6. Scheint die Hochzeitsszene in einer katholischen Kirche, einer evangelischen Kirche oder in einer Synagoge stattzufinden? Erklären Sie Ihre Antwort!
7. Wo befindet sich ein Notausgang in diesem Theater?

Ausgangspunkte

8. Wo kauft man Theaterkarten?
9. Für welche verschiedenen Sitze kann man Theaterkarten kaufen?
10. Welchem Zweck dient ein Bühnenvorhang?
11. Wann geht der Bühnenvorhang auf und wann fällt er?
12. Wie kann man im Theater die Pausen verbringen?
13. Wann weiß ein Autor, ob die Premiere seines Stückes ein Erfolg oder ein Mißerfolg war?
14. Was ist eine Hochzeitsreise?
15. Welcher Finger ist der Ringfinger in den Vereinigten Staaten, und an welcher Hand befindet er sich?
16. Was würde geschehen, wenn der Bräutigam am Hochzeitstag den Ehering seiner Braut vergäße?
17. Nennen Sie einige Probleme eines jungen Ehepaars!
18. Was für eine Hochzeit wünschen Sie sich?
19. In Europa gibt man normalerweise der Platzanweiserin ein Trinkgeld. Was halten Sie von dieser Sitte?
20. Glauben Sie, daß Sie von den Logensitzen dieses Theaters am besten sehen würden? Warum oder warum nicht?

Diskussionsthemen

1. Das Studententheater in Amerika.
2. Ein Theaterstück, das ich kürzlich gesehen habe.
3. Beschreibung eines Theaters.

to employ **anstellen**
to occupy oneself (with) **sich be-
schäftigen (mit)**
to perform, carry out **verrichten**
(*trans.*)
to earn **verdienen**
to saw **sägen**
to sew **nähen**
to deliver **liefern**
to build **bauen**
to repair **reparieren**
to cut **schneiden**
to carve **schnitzen**
to cook **kochen**
to stir **rühren, umrühren**
to deduct **abziehen**
to mean (by) **verstehen (unter)**

trade (craft) **das Handwerk**
worker, wage earner **der Arbeiter,
der Lohnempfänger**

artisan, workman **der Handwerker**
shoemaker **der Schuster**
shoe **der Schuh**
carpenter **der Zimmermann, der
Schreiner**
saw **die Säge**
board **das Brett**
milkman **der Milchmann**
milk **die Milch**
tailor **der Schneider**
needle **die Nadel**
thread **der Faden**
button **der Knopf**
butcher **der Fleischer, der Metzger**
meat **das Fleisch**
knife **das Messer**
cook **der Koch**
ladle **die Suppenkelle, der Schöpf-
löffel**
pot **der Topf**
mailman **der Postbote**

(*occupational*) uniform **die Berufs-
kleidung, die Ziviluniform**
apron **die Schürze**
coat (*jacket*) **die Jacke**
tie **die Krawatte, der Schlips**
glasses **die Brille**
head gear **die Kopfbedeckung**
bald head **der Kahlkopf, die Glatze**
(working) class **die (Arbeiter)klasse**
wages **der Lohn**
university graduate **der Akademiker**
salary **das Gehalt**
education, training **die Ausbildung**
profession **der höhere Beruf**
social security **die Sozialversicherung**
withholding tax **der Steuerabzug**
overtime **die Überstunden** (*pl.*)

bald **kahl, glatzköpfig**
because of **auf Grund von, wegen**
seldom **selten**

74

Männer bei der Arbeit

Analyse der Zeichnung

1. Welcher Mann hat eine Glatze, und welcher hat fast keine Haare?
2. Was macht der Zimmermann mit seinen Händen?
3. Was trägt der Milchmann in seiner Hand, und was macht er gerade?
4. Was hält der Schneider in seinen Händen, und was tut er?
5. Was macht der Fleischer gerade?
6. Womit ist der Koch beschäftigt?
7. Welche Männer tragen eine Schürze?   eine Ziviluniform?   eine Krawatte?
8. Woher wissen wir, daß der Zimmermann und der Fleischer rechtshändig sind?
9. Wer trägt eine Kopfbedeckung und wer eine Brille?
10. Wer von diesen sechs Männern arbeitet wahrscheinlich für sich selbst und wer ist angestellt?

Ausgangspunkte

11. Wenn Sie die Arbeit eines der sechs Männer auf dem Bild verrichten müßten, welche Arbeit wäre Ihnen am liebsten?
12. Was ist ein Fleischer?
13. Worin besteht die Ähnlichkeit zwischen einem Milchmann und einem Postboten?
14. Nennen Sie die Unterschiede und Ähnlichkeiten zwischen der Arbeit eines Fleischers und eines Kochs!
15. In den Vereinigten Staaten macht ein Schuster selten Schuhe.   Was tut er?
16. Was könnte man unter „Arbeiterklasse" verstehen?   Gibt es eine solche Klasse?
17. Ein Zimmermann bekommt einen Lohn, ein Professor ein Gehalt.   Erklären Sie den Unterschied!
18. Was wird vom Lohn eines Arbeiters abgezogen und warum?
19. Was sind Überstunden?
20. Was ist der Unterschied in der Ausbildung eines Handwerkers und eines Akademikers?

Diskussionsthemen

1. Männer und das Kochen.
2. Erklären Sie die Sozialversicherung und die Steuerabzüge.
3. Das Leben eines Milchmanns.

to work **arbeiten**
to serve **servieren**, (*Essen und Getränke*) **bringen**
to type **tippen**
to take shorthand **stenografieren**
to assemble **zusammensetzen, montieren**
to earn **verdienen**
to wait on (*a customer*) **bedienen** (*trans.*)
to arrange **arrangieren, ordnen**
to keep, preserve **aufbewahren**
to receive **erhalten, bekommen**
to prohibit **verbieten**
to depend (on) **abhängen (von)**
to be about (to) **im Begriff sein (zu)**
to ponder (over) **nachdenken (über)**

telephone operator **die Telefonistin**
earphone **der Kopfhörer**

stewardess **die Stewardeß**
tray **das Tablett**
secretary **die Sekretärin**
shorthand **die Kurzschrift, die Stenographie**
typist and stenographer **die Stenotypistin, der Stenotypist**
typist **die Maschinenschreiberin, der Maschinenschreiber**
typewriter **die Schreibmaschine**
letter **der Brief**
files **die Akten**
pad (*of paper*) **der (Schreib)block**
pencil **der Bleistift**
saleslady **die Verkäuferin**
customer **der Kunde, die Kundin**
guest **der Gast**
information **die Auskunft**
waitress **die Kellnerin**
tip **das Trinkgeld**

factory worker **die Fabrikarbeiterin**
working hours **die Arbeitsstunden**
clothing **die Kleidung**
skirt **der Rock**
blouse **die Bluse**
apron **die Schürze**
uniform **die Uniform, die Berufskleidung**
education **die höhere Ausbildung, die (höhere) Schulbildung**
training **die Ausbildung**
conversation **die Unterhaltung, die Konversation**
airline **die Fluggesellschaft, die Fluglinie**

educated **gebildet**
interesting **interessant**
on time **pünktlich, rechtzeitig**
married **verheiratet**

Frauen bei der Arbeit

Analyse der Zeichnung

1. Welche der sechs Frauen hat wahrscheinlich die längste und welche die kürzeste Ausbildung erhalten? Erklären Sie Ihre Antwort!
2. Eine von den sechs Frauen könnte mehr und eine könnte weniger als alle anderen verdienen. Erklären Sie das!
3. Beschreiben Sie das Bild mit der Sekretärin!
4. Welche Arbeitsstunden haben diese Frauen?
5. Beschreiben Sie die Kleidung der sechs Frauen!
6. Was sagt die Stewardeß zu dem Mädchen?
7. Was muß die Kellnerin den Gast fragen?
8. Was schreibt die Sekretärin in dem Brief, den sie gerade tippt?
9. Worüber denkt die Fabrikarbeiterin nach?
10. Warum ist die Verkäuferin heute nicht rechtzeitig zur Arbeit gekommen?
11. Welche Auskunft gibt die Telefonistin soeben?
12. Beschreiben Sie die Gäste, die die Kellnerin bedient!
13. Was ist die Verkäuferin im Begriffe zu tun?
14. Was wird in den Akten der Sekretärin aufbewahrt?
15. Welche der sechs Frauen ist wahrscheinlich nicht verheiratet? Warum nicht?
16. Welche der Frauen spricht zu Kunden, die sie niemals sieht? welche sieht Kunden, mit denen sie wahrscheinlich niemals spricht?
17. Bei welcher der Frauen hängen die Arbeitsstunden vom Wetter ab?

Ausgangspunkte

18. Was ist der Unterschied zwischen einer Maschinenschreiberin und einer Stenotypistin?
19. Was ist der Vorteil der Stenographie?
20. Beschreiben Sie die Aufgaben einer Verkäuferin!

Diskussionsthemen

1. Die Pflichten einer Sekretärin.
2. Eine Unterhaltung zwischen drei der Frauen, die auf den Bildern zu sehen sind.
3. Das Leben einer Stewardeß ist (nicht) interessant.

to produce **erzeugen**	wrench **der Schraubenschlüssel**	clamp **die Klammer**
to build **bauen**	metal **das Metall**	T square **das Winkeleisen**
to hammer **hämmern**	article **der Artikel**	nut **die (Schrauben)mutter**
to saw **sägen**	jar **das Glas; die Dose**	bolt **der Bolzen**
to screw **einschrauben, anschrauben**	wood **das Holz**	tool cabinet **der Werkzeugschrank**
to hang **aufhängen** (*trans.*); **hängen** (*intrans.*)	hardwood **das Hartholz**	glue **der Leim**
	oak **die Eiche**	size **die Größe**
to chop **hacken**	softwood **das Weichholz**	hole **das Loch**
to drill (a hole) **drillen, bohren**	pine **die Kiefer, die Fichte**	construction, erection **die Konstruktion, der Bau, die Errichtung**
to turn **drehen**	splinter **der Span**	
to recognize (by) **erkennen (an)**	shavings (*of wood*) **die Späne**	hobby **das Hobby, das Steckenpferd**
	pliers **die Zange**	use **die Anwendung, der Gebrauch**
workbench **die Werkbank**	hatchet **das Beil**	
tool **das Werkzeug**	shears **die große Schere**	useful **nützlich**
hammer **der Hammer**	wire **der Draht**	useless **nutzlos**
saw **die Säge**	chisel **der Meißel**	at the same time **gleichzeitig**
hack saw **die Metallsäge**	plane **der Hobel**	versatile, many-sided **vielseitig**
screw **die Schraube**	level **die Wasserwaage**	first (of all) **zuerst**
screw driver **der Schraubenzieher**	bit **das Bohreisen**	last (*finally, in the end*) **zuletzt**
lathe **der Schraubstock**	crowbar **das Brecheisen**	handy **geschickt**
nail **der Nagel**	sand paper **das Sandpapier, das Schmirgelpapier**	handy around the house **handwerklich geschickt**
plane **der Hobel**		

Der handwerklich geschickte Mann

Analyse der Zeichnung

1. Was tut der Mann?
2. Was ist in den Gläsern?
3. Nennen Sie die Artikel, die auf der Werkbank liegen!
4. Welche Werkzeuge hängen im Werkzeugschrank?
5. Mit welcher der zwei Sägen würde der junge Mann Metall sägen? Womit würde er Draht schneiden?
6. Es gibt ein vielseitiges Werkzeug, das nicht auf dem Bild zu sehen ist. Welches Werkzeug ist das?
7. Was hat der Mann beim Bau des Hauses wohl zuerst und was zuletzt benützt: den Hobel, die Säge oder das Schmirgelpapier?
8. Welches Werkzeug wird wahrscheinlich dem Mann beim Bau des Hauses nichts nützen?
9. Woher wissen wir, daß der Mann entweder den Meißel oder den Hobel benützt hat?

Ausgangspunkte

10. Welche Holzart ist leicht zu sägen?
11. Wofür benützt man ein Beil?
12. Was sind Späne? Welche Werkzeuge erzeugen Späne?
13. Woran kann man einen handwerklich geschickten Mann erkennen?
14. Wozu dient ein Schraubstock?
15. Mit welchem Werkzeug hämmert man auf einen Nagel?
16. Wofür benützt man eine Klammer und ein Bohreisen? Warum gibt es verschiedene Größen von Bohreisen?
17. Welches Werkzeug wird für Schrauben verwendet?
18. Nennen Sie ein Hartholz und ein Weichholz!
19. Worin besteht die Ähnlichkeit in der Anwendung eines Schraubenschlüssels, einer Zange und eines Schraubstocks? eines Meißels und eines Hobels? eines Hammers und eines Beils?
20. Welches Werkzeug muß mit beiden Händen gleichzeitig gehalten werden?

Diskussionsthemen

1. Wie man . . . baut.
2. Werkzeuge und deren Gebrauch.
3. Mein Steckenpferd.

to make the beds **die Betten machen**
to clean **reinigen, putzen**
to wash (*dishes*) **spülen, abwaschen**
to dry **(ab)trocknen**
to scrub **scheuern, schrubben**
to sweep **fegen, kehren**
to prepare food **kochen, Essen** (*n.*) **vorbereiten**
to execute, carry through **erledigen**
to perform, do **verrichten**
to protect **schützen**
to dissolve **auflösen**

domestic chore **die Hausarbeit**
household **der Haushalt**
housewife **die Hausfrau**
servant girl, maid **das Dienstmädchen**
bed **das Bett**
sheet **das Laken, das Bettuch**
mattress **die Matratze**

pillow **das Kissen**
pillowcase **der Kissenüberzug**
blanket **die Wolldecke**
bedspread **der Bettüberwurf, die Bettdecke**
dish **der Teller**
dishes **das Geschirr** (*sing. only*)
pot **der Topf**
pan **die Bratpfanne**
grease **das Fett**
sink **der Ausguß**
kitchen table **der Küchentisch**
automatic dishwasher **die Geschirrspülmaschine**
dish rack **der Geschirrtrockner**
linen **die Wäsche**
underwear **die Unterwäsche**
soap **die Seife**
detergent **das Spülmittel; das Waschmittel**
clothesline **die Wäscheleine**

(*automatic*) clothes dryer **der Wäschetrockner**
floor(ing) **der Fußboden**
rug **der Teppich**
vacuum cleaner **der Staubsauger**
broom **der Besen**
dustpan **die Kehrrichtschaufel**
bucket **der Eimer**
brush **die Bürste**
garbage can **der Abfalleimer**
sofa **das Sofa**
stool **der Hocker**
glove **der Handschuh**

dirty **schmutzig**
clean **rein, sauber**
right-handed **rechtshändig**
tired **müde**
broken **kaputt, gebrochen**
finished **beendet, zu Ende**
on (*the very*) top **zuoberst, oben auf**

Hausarbeiten

Analyse der Zeichnung

1. Für welche zwei Hausarbeiten trägt die Hausfrau (das Dienstmädchen) Handschuhe? Warum?
2. Was wäscht die Frau im Ausguß?
3. Wozu dient ein Geschirrtrockner?
4. Wo ist die Kehrrichtschaufel?
5. Was steht unter dem Küchentisch?
6. Was ist in dem Eimer auf dem Bild links unten?
7. Welche Hausarbeiten, die man auf den Bildern sieht, müssen jeden Tag verrichtet werden?
8. Beschreiben Sie die Frau auf dem Bild rechts unten!
9. Welche Hausarbeit kann wahrscheinlich am schnellsten erledigt werden?
10. Wo sehen Sie Kissen ohne Überzüge?

Ausgangspunkte

11. Wo kann man Wäsche trocknen?
12. Warum benützt man ein Spülmittel beim Abwaschen von Geschirr?
13. Wann gebraucht man einen Staubsauger und wann eine Bürste?
14. Wozu wird ein Besen benützt?
15. Beschreiben Sie den Unterschied zwischen einem Topf und einer Bratpfanne!
16. Für welche Hausarbeiten hätten Sie am liebsten ein Dienstmädchen? Warum?
17. Wo trocknet das Geschirr, nachdem es abgewaschen ist?
18. Ihr Geschirr ist noch nicht abgewaschen (die Geschirrspülmaschine ist kaputt), der Fußboden ist schmutzig, die Betten noch nicht gemacht, und die Kinder sind den ganzen Tag zu Hause. Was würden Sie tun?
19. Was liegt zuoberst, nachdem das Bett gemacht ist?
20. Was liegt zwischen der Matratze und der Wolldecke?

Diskussionsthemen

1. „Die Arbeit der Frau ist niemals zu Ende."
2. Wie man Betten macht.
3. Unterschiede zwischen der Hausarbeit in Europa und Amerika.

to work **arbeiten**	farm **der Bauernhof**	wife **die (Ehe)frau**
to store **aufheben, aufbewahren**	animal **das Tier**	field **das Feld**
to graze **weiden, grasen**	horse **das Pferd**	tractor **der Traktor**
to plant **(an)pflanzen**	stable **der Stall**	fence **der Zaun**
to dig **graben**	cow **die Kuh**	gate **das Tor**
to hang up clothes **Wäsche auf-**	sheep **das Schaf**	post **der Pfosten**
hängen	barn **die Scheune**	garden tool **das Gartengerät**
to open **öffnen**	duck **die Ente**	rake **der Rechen**
to get along well (with) **gut aus-**	goose **die Gans**	hoe **die Hacke**
kommen (mit)	pond **der Teich**	shovel **die Schaufel**
to feed **füttern**	cat **die Katze**	stake **der Pfahl**
to bark **bellen**	donkey **der Esel**	garden **der Garten**
to run away **weglaufen**	dog **der Hund**	vegetable **das Gemüse**
to spend (*time*) **verbringen**	chicken **das Huhn**	summer vacation **die Sommerferien**
to perform, do **verrichten**	turkey **der Truthahn**	(*pl. only*)
to use **verwenden**	farmer **der Bauer**	
to be about (to) **im Begriff sein (zu)**	farmer's wife **die Bäuerin**	
it is a question of, it is a matter of	farm (rural) children **Bauernkinder**	
es handelt sich um	(*pl.*)	

82

Auf dem Bauernhof

Analyse der Zeichnung

1. Was ist die Aufgabe des Bauern auf einem Bauernhof? Welche Arbeiten verrichtet die Bäuerin? Wie helfen die Bauernkinder bei der Arbeit?
2. Wo sind die Enten? die Gänse?
3. Was tut die Kuh?
4. Wer sitzt auf dem Traktor?
5. Wo sind Zäune?
6. Wo sitzt die Katze? Was tut sie gerade?
7. Welche Gartengeräte kann man sehen, und wo sind sie?
8. Wo ist Gemüse angepflanzt?
9. Wofür wurden die Gartengeräte verwendet?
10. Wo ist der Esel, und wer führt ihn?
11. Warum bellt der Hund?
12. Was ist die Bäuerin im Begriff zu tun?
13. Wo sind die Hühner? Wo sind die Truthähne?
14. Wozu dienen die Pfähle im Garten?
15. Scheint dieser Bauernhof groß oder klein zu sein? Warum?
16. Woran sehen wir, daß es sich um einen europäischen Bauernhof handelt?
17. Welche Tiere würden wahrscheinlich weglaufen, wenn die zwei Tore offen wären?

Ausgangspunkte

18. Wozu benützt man einen Traktor?
19. Was ist der Unterschied zwischen einer Scheune und einem Stall?
20. Welche Tiere auf einem Bauernhof kommen im allgemeinen gut miteinander aus und welche nicht?

Diskussionsthemen

1. Vorteile und Nachteile des Lebens auf einem Bauernhof.
2. Beschreibung eines großen Bauernhofs.
3. Warum ich meine Sommerferien am liebsten auf einem Bauernhof verbringe.

to stop **anhalten**
to feed (*animals*) **füttern**
to drive **fahren**
to push **schieben**
to pay attention (to) **beachten** (*trans.*)
to live **wohnen, leben**
to be located **sich befinden**
to serve (for, as) **dienen (zu, als)**
to show, depict **darstellen**

square **der Platz**
park **der Park**
small town **die Kleinstadt**
large city **die Großstadt**
street **die Straße**
downtown **das Stadtzentrum, die Innenstadt**

traffic light **die Verkehrsampel**
vehicle **das Verkehrsmittel, das Fahrzeug**
bicycle **das Fahrrad**
motorcycle **das Motorrad**
baby carriage **der Kinderwagen**
policeman **der Polizist**
helmet **der Helm**
(traffic) accident **der (Verkehrs)unfall**
store **das Geschäft**
theater **das Theater**
church **die Kirche**
block (*of buildings or houses*) **der Häuserblock**
awning **die Markise, das Sonnendach**
bench **die Bank**

fountain **der Springbrunnen**
sidewalk **der Gehsteig**
tree **der Baum**
flower **die Blume**
leaf **das Blatt**
gutter **die Straßenrinne; die Dachrinne** (*Haus*)
color **die Farbe**
pigeon **die Taube**
England **England**

main, principal **Haupt-...**
red **rot**
white **weiß**
yellow **gelb**
black **schwarz**
green **grün**
favorite **Lieblings-...**

In der Stadt

Analyse der Zeichnung

1. Was tut der Polizist?
2. Wer trägt einen Helm?   Warum?
3. Beschreiben Sie den Häuserblock hinter dem kleinen Park!
4. Woher wissen Sie, daß dieses Bild nicht eine Szene in England darstellt?
5. Erklären Sie, warum der Platz sowohl in Europa, als auch in den Vereinigten Staaten sein könnte!
6. Wo ist der Kinderwagen?   Wer schiebt ihn?
7. Wer füttert die Tauben?
8. Beschreiben Sie den kleinen Park!
9. Woher wissen Sie, daß es Tag und nicht Nacht ist?
10. Wer liest gerade?   Wo?
11. Warum ist der Mann, der auf der Bank sitzt, ins Stadtzentrum gekommen?
12. Nennen Sie die Farben einiger Gegenstände, die ein farbiges Bild zeigen würde!
13. Wo befindet sich die Verkehrsampel?
14. Welche Fahrzeuge kann man auf dem Bild erkennen?

Ausgangspunkte

15. Nennen Sie die Farben einer Verkehrsampel!   Was ist die Bedeutung jeder dieser Farben?
16. Was sind die Unterschiede zwischen einem Fahrrad und einem Motorrad?
17. Wozu dient eine Straßenrinne?
18. Warum muß man die Verkehrsampeln beachten?
19. Würden Sie es vorziehen, in einer Großstadt zu wohnen?   Warum?   Warum nicht?
20. Beschreiben Sie das Zentrum der Stadt, in der Sie wohnen!

Diskussionsthemen

1. Was der Mann mir sagte, als wir zusammen auf einer Bank im Park saßen.
2. „Main street U.S.A."
3. Meine Lieblingsstadt.

to catch fire **Feuer fangen**
to break out **ausbrechen**
to burn (*to be on fire*) **brennen** (*intrans.*)
to be consumed by fire, burn up **verbrennen** (*intrans.* and *trans.*)
to asphyxiate **ersticken**
to start a fire **ein Feuer anzünden, ein Feuer legen**
to put out (*a fire*) **(aus)löschen**
to rescue **retten**
to destroy **zerstören**
to photograph **fotografieren**
to connect (with) **verbinden (mit), anschließen (an)**
to call, summon **herbeirufen**
to carry away **(hin)wegtragen**
to protect **schützen**
to shout **rufen, schreien**

to injure **verletzen**
to escape **entkommen, fliehen**
to happen **passieren, geschehen**
to go on **vorgehen**

fire **das Feuer**
fireman **der Feuerwehrmann** (*Plural:* **die Feuerwehrleute**)
fire department **die Feuerwehr**
fire station **die Feuerwache**
fire truck **der Feuerwehrwagen**
fire engine **die Feuerspritze**
helmet **der Helm**
fire extinguisher **der Feuerlöscher**
hydrant **der Hydrant**
hose **der (Wasser)schlauch**
ladder **die Leiter**
alarm **der Alarm**
alarm box **der Feuermelder**

siren **die Sirene**
smoke **der Rauch**
building **das Gebäude**
roof **das Dach**
equipment, gadget **das Gerät**
coat **der Mantel**
photographer **der Fotograf**
ambulance **die Ambulanz, der Sanitätswagen**
hospital **das Krankenhaus**
arsonist **der Brandstifter**
rumor **das Gerücht**

brave **mutig**
important **wichtig**
fireproof **feuerfest, feuersicher**
literally **wörtlich**
figuratively **bildlich**

Feuer!

Analyse der Zeichnung

1. Was ist wahrscheinlich mit dem Mädchen, das der Feuerwehrmann hinwegträgt, passiert?
2. Was ruft der Feuerwehrmann im Vordergrund?
3. Was ist der Fotograf im Begriff zu tun?
4. Beschreiben Sie, was auf dem Feuerwehrwagen geschieht!
5. Warum glauben Sie, daß dieses Feuer das Gebäude zerstören (nicht zerstören) wird?
6. Was würden Sie tun, wenn Sie auf dem Dach des Gebäudes wären?

Ausgangspunkte

7. Warum muß ein Feuerwehrmann mutig sein?
8. Wo schließt man den Wasserschlauch der Feuerspritze an?
9. Wie ruft man die Feuerwehr herbei, wenn ein Feuer ausgebrochen ist?
10. Warum tragen Feuerwehrleute Helme?
11. Was ist die Feuerwache?
12. Wozu benützt die Feuerwehr eine Leiter?
13. Wozu dient eine Ambulanz?
14. Wie würden Sie entkommen, wenn in Ihrem Haus ein Feuer ausbräche?
15. „Kein Rauch ohne Feuer!" Erklären Sie das!
16. Nennen Sie die wichtigsten Geräte eines Feuerwehrwagens!
17. Was ist ein Brandstifter?
18. Was ist ein Feuermelder?
19. Was ist ein feuersicherer Mantel?
20. Wie kann ein kleines Feuer gelöscht werden?

Diskussionsthemen

1. Ein Feuer, das ich nie vergessen werde.
2. Was auf der Feuerwache vorgeht, wenn keine Feuer zu löschen sind.
3. Das große Feuer in Chicago im Jahre 1871.

to decorate **dekorieren**	crowd **die Menschenmenge**	street cleaner **der Straßenkehrer**
to march **marschieren**	spectator **der Zuschauer**	building **das Gebäude**
to wave **winken**	soldier **der Soldat**	window **das Fenster**
to salute **salutieren**	officer **der Offizier**	civilian **der Zivilist**
to turn a corner **um die Ecke biegen, um die Ecke gehen**	uniform **die Uniform**	participant **der Teilnehmer**
	flag **die Flagge, die Fahne**	birthplace **der Heimatort, die Heimatstadt**
to throw **werfen**	decoration **die Dekoration**	
to ride (*a horse*) **reiten**	line, row, file **die Reihe**	shoulder **die Schulter**
to sit **sitzen**	drum **die Trommel**	nation **die Nation**
to watch **zusehen** (*intrans.*)	drummer **der Trommler**	
	sidewalk **der Gehsteig**	military **militärisch, Militär-...**
parade **die Parade**	traffic light **die Verkehrsampel**	civilian **Zivil-...**
homecoming parade **die Heimkehrerparade**	vehicle **das Fahrzeug, das Verkehrsmittel**	straight ahead **gerade aus**
		the same **derselbe, der gleiche**
parade ground **der Paradeplatz**	paper **das Papier**	known, familiar **bekannt**

Die Parade

Analyse der Zeichnung

1. Wo sitzt der kleine Junge?   Was tut er?
2. Wer trägt eine Uniform?
3. Welches Gebäude ist dekoriert?
4. Geht die Parade gerade aus, oder biegt sie um die Ecke?
5. Beschreiben Sie den Mann, der auf dem Pferd sitzt!
6. Warum scheint dies eine Militärparade zu sein?
7. Wer trägt in der ersten Reihe nicht die gleiche Uniform wie die anderen Teil-nehmer?   Warum nicht?
8. Wo sind die meisten Zuschauer?
9. Wo ist die Verkehrsampel?
10. Was könnte der Trommler denken?
11. Beschreiben Sie die Menschenmenge!
12. Wer kann die Parade besser sehen als die Zuschauer auf dem Gehsteig?
13. Beschreiben Sie das Bild!

Ausgangspunkte

14. Wann findet in Ihrem Heimatort eine Parade statt?
15. Haben Sie Paraden gern?   Warum?   Warum nicht?
16. Warum haben Straßenkehrer Paraden nicht gern?
17. Wen salutiert ein Soldat?
18. Wie soll ein Zivilist in den Vereinigten Staaten die Flagge salutieren?
19. Welche Arten von Paraden sind Ihnen bekannt?
20. Welche Farben hat die deutsche Flagge?

Diskussionsthemen

1. Die Parade, der ich als Kind am liebsten zusah.
2. Die Heimkehrerparade.
3. Eine Beschreibung der Flaggen von zehn Nationen.

to eat (*animals*) **fressen**	beast of prey **das wilde Tier, das Raubtier**	bench **die Bank**
to drink (*animals*) **saufen**		ditch **der Graben**
to climb **klettern**	feeding **die Fütterung**	hill **der Hügel**
to raise, lift **(hoch)heben**	king **der König**	sign **das Schild**
to feed **füttern**	lion **der Löwe**	banana **die Banane**
to visit **besuchen**	tiger **der Tiger**	banana peel **die Bananenschale**
to escape **entkommen, fliehen**	monkey **der Affe**	meat **das Fleisch**
to take a picture **fotografieren**	bear **der Bär**	human being **das menschliche Lebewesen**
to belong to **gehören**	elephant **der Elefant**	
to be located **sich befinden**	gorilla **der Gorilla**	camera **die Kamera**
to fence in **einzäunen**	giraffe **die Giraffe**	balloon **der Luftballon**
	wolf **der Wolf**	institution, establishment **die Einrichtung**
zoo **der Zoo, der zoologische Garten**	fence **der Zaun**	
cage **der Käfig**	bars, railing **das Gitter, das Geländer**	surely **sicherlich**
house for animals **das Tierhaus**		in addition **zusätzlich**
animal **das Tier**	fountain **der Brunnen**	

90

Im Zoo

Analyse der Zeichnung

1. Wo ist der Affe? Was tut er gerade?
2. Was fressen die Affen besonders gern?
3. Wer hält eine Kamera in der Hand? Was tut sie gerade damit?
4. Wem gehört der Luftballon?
5. Warum hebt der Vater den Jungen hoch?
6. Wer sitzt auf der Bank?
7. Welche wilden Tiere sind nicht im Käfig?
8. Nennen Sie so viele Tiere wie Sie können, die nicht auf dem Bild zu sehen sind!
9. Wo befindet sich sicherlich ein Graben?
10. Welches Tier lebt im Tierhaus auf dem Hügel?
11. Mit wem spricht der kleine Junge im Vordergrund? Was könnte er sagen?

Ausgangspunkte

12. Wer ist der König der Tiere?
13. Welche Schilder sieht man normalerweise in zoologischen Gärten?
14. Welche Tiere fressen Fleisch und welche nicht?
15. Beschreiben Sie einen Zoo, den Sie besucht haben!
16. Was ist ein Käfig? Was ist ein Zaun?
17. Warum werden viele Käfige noch zusätzlich eingezäunt?
18. Was würden Sie tun, wenn ein Wolf aus seinem Käfig entkommen wäre?
19. Was sind die Unterschiede zwischen einem Elefanten und einem Gorilla?
20. Finden Sie, daß zoologische Gärten gute Einrichtungen sind? Warum? Warum nicht?

Diskussionsthemen

1. Nicht alle Affen sind im Zoo.
2. Ein Tag im Zoo.
3. Raubtierfütterung.

to shine **scheinen**	rain drop **der Regentropfen**	region **die Gegend**
to snow **schneien**	snow **der Schnee**	temperature **die Temperatur**
to freeze **(ge)frieren**	snow flake **die Schneeflocke**	degree **der Grad**
to melt **schmelzen**	snow ball **der Schneeball**	freezing point **der Gefrierpunkt**
to rain **regnen**	ice **das Eis**	32° Fahrenheit = 0° Celsius
to plant **(an)pflanzen**	cloud **die Wolke**	(**Um Celsius-Grade in Fahrenheit**
to sow **säen**	hail **der Hagel**	**umzuwandeln, muß man sie mit 9**
to rake **rechen, zusammenrechen**	thunder **der Donner**	**multiplizieren, durch 5 dividieren**
to dig **graben**	lightning **der Blitz**	**und 32 addieren. Um Fahrenheit-**
to bloom **blühen**	storm **der Sturm**	**Grade in Celsius umzuwandeln,**
to wipe **(ab)wischen**	thunderstorm **das Gewitter**	**muß man 32 subtrahieren, mit 5**
to forecast **voraussagen**	hurricane **der Orkan**	**multiplizieren und durch 9 dividie-**
to depict **darstellen**	tornado **der Wirbelsturm**	**ren**)
to be (*amount to*) **betragen**	(*natural*) phenomenon **die Naturer-**	ice cream **das Eis**
to multiply **multiplizieren**	**scheinung**	
to divide **dividieren, teilen**	characteristic **das Merkmal**	
to add **addieren, dazuzählen**	seed **der Samen**	damp, humid **feucht**
to subtract **subtrahieren, abziehen**	tulip **die Tulpe**	cloudy **bewölkt**
to convert **umwandeln**	leaf **das Blatt**	sunny **sonnig**
	rake **der Rechen**	rainy **regnerisch**
	hoe **die Hacke**	climatic **klimatisch**
climate **das Klima**	furrow **die Furche**	simultaneously **gleichzeitig**
season **die Jahreszeit, die Saison**		respectively **beziehungsweise**

Das Wetter

Analyse der Zeichnung

1. Woher wissen Sie, daß es Frühling ist?
2. Was tut der Mann mit der Hacke?
3. Was macht die Frau auf demselben Bild?
4. Wer hat soeben Eis gekauft?
5. Warum wischt der Mann sein Gesicht ab?
6. Welches Bild stellt den Herbst dar?   Woher wissen Sie das?
7. Was tun die Jungen im Schnee?

Ausgangspunkte

8. Was ist Schnee und was ist Eis?
9. Zu welcher Jahreszeit blühen die Tulpen?
10. Was ist der Gefrierpunkt des Wassers?
11. In welcher Jahreszeit sät man?
12. Beschreiben Sie das Klima der Gegend, in der Sie wohnen!
13. Welche Naturerscheinung sieht man, wenn es regnet und die Sonne gleichzeitig scheint?
14. Wann schmilzt der Schnee?
15. Wenn die Temperatur 95° Fahrenheit beträgt, wieviel ist das in Celsius?
16. Wenn die Temperatur 25° Celsius beträgt, wieviel ist das in Fahrenheit?
17. Wieviel Grad Fahrenheit, beziehungsweise Celsius haben wir heute?
18. Beschreiben Sie das Wetter heute!
19. Sagen Sie das Wetter für morgen voraus!
20. Beschreiben Sie die Unterschiede zwischen Winter und Sommer!

Diskussionsthemen

1. Die Jahreszeit, die ich am liebsten habe.
2. Stürme.
3. Klimatische Unterschiede in den Vereinigten Staaten.

to row **rudern**
to steer **steuern, lenken**
to swim **schwimmen**
to float **treiben, sich treiben lassen**
to irrigate **bewässern**
to control **kontrollieren**
to depict, portray **abbilden**

sea **die See, das Meer**
ocean **der Ozean**
lake **der See**
river **der Fluß**
stream **der Strom**
falls, waterfall **der Wasserfall**
canal **der Kanal**
spring **die Quelle**
water **das Wasser**; body of water
  das Gewässer
mineral spring **die Heilquelle**
well **der Brunnen**
swamp **der Sumpf**

irrigation ditch **der Bewässerungs-
  graben**
dam **der (Stau)damm**
sea-water **das Seewasser**
salt-water **das Salzwasser**
shore, coast **die Küste**
wave **die Welle, die Woge**
current **die Strömung**
high tide **die Flut**
low tide **die Ebbe**
tides **die Gezeiten** (*pl. only*)
bay **die Bai, die (***große***)Bucht**
inlet **die (***kleine***)Bucht**
sailboat **das Segelboot**
barge **die Barke**
rowboat **das Ruderboot**
oar **das Ruder**
rudder **das Steuerruder, das Steuer**
fisherman **der Fischer, der Angler**
land **das Land**
desert **die Wüste**

oasis **die Oase**
rain **der Regen**

clean **sauber, rein**
dirty **schmutzig**
salty **salzig**
salt **Salz- . . .**
shallow **seicht**
rough (*water*) **unruhig**
seasick **seekrank**
calm **ruhig**
navigable **schiffbar**
mineral **mineralisch**
bottled **in Flaschen (abgefüllt)**
famous (for) **berühmt (für)**
sole, only one **einzig**
as the only one **als einziger (einzige,
  einziges)**
individual **einzeln**
similar **ähnlich**
in what way **inwiefern**

94

Die Gewässer

Analyse der Zeichnung

1. Welches der Gewässer, die auf den sechs Bildern abgebildet sind, kann als einziges eine Flut haben?
2. Auf welchem der Bilder ist das Wasser wahrscheinlich am tiefsten und auf welchem am seichtesten?
3. Wie wird die Barke gesteuert?
4. Wo sehen Sie ein Segelboot? Warum könnte es nicht auf den anderen Bildern zu sehen sein?
5. Aus welchen Quellen fließt das Wasser in den See, den man auf dem Bild sieht?
6. Beschreiben Sie das Bild, auf dem ein Fluß zu sehen ist!
7. Was macht jede einzelne Person auf den Bildern?

Ausgangspunkte

8. Warum kann man Seewasser nicht trinken?
9. Was kann einen seekrank machen?
10. Welche Gezeiten ziehen die Salzwasserfischer vor und warum?
11. Was ist eine Wüste?
12. Was ist eine Oase?
13. Erklären Sie den Unterschied zwischen einem See und einem Fluß!
14. Auf welchem See in den Vereinigten Staaten ist es sehr leicht, sich treiben zu lassen?
15. Wofür ist der Niagara berühmt?
16. Inwiefern sind ein Kanal und ein Bewässerungsgraben ähnlich?
17. Was ist eine Bai?
18. In welchem Gewässer würden Sie es vorziehen zu schwimmen? Warum?
19. Was ist eine Küste?
20. Was ist ein Sumpf? Beschreiben Sie das Wasser, das man dort findet!

Diskussionsthemen

1. Der Zweck eines Staudamms.
2. Die schiffbaren Flüsse Deutschlands.
3. Die europäischen Heilquellen.

1969

S M D M D F S	S M D M D F S	S M D M D F S	S M D M D F S
Januar	**Februar**	**März**	**April**

Januar
1 2 3 4
5 6 7 8 9 10 11
12 13 14 15 16 17 18
19 20 21 22 23 24 25
26 27 28 29 30 31

Februar
1
2 3 4 5 6 7 8
9 10 11 12 13 14 15
16 17 18 19 20 21 22
23 24 25 26 27 28

März
1
2 3 4 5 6 7 8
9 10 11 12 13 14 15
16 17 18 19 20 21 22
23 24 25 26 27 28 29
30 31

April
1 2 3 4 5
6 7 8 9 10 11 12
13 14 15 16 17 18 19
20 21 22 23 24 25 26
27 28 29 30

Mai
1 2 3
4 5 6 7 8 9 10
11 12 13 14 15 16 17
18 19 20 21 22 23 24
25 26 27 28 29 30 31

Juni
1 2 3 4 5 6 7
8 9 10 11 12 13 14
15 16 17 18 19 20 21
22 23 24 25 26 27 28
29 30

Juli
1 2 3 4 5
6 7 8 9 10 11 12
13 14 15 16 17 18 19
20 21 22 23 24 25 26
27 28 29 30 31

August
1 2
3 4 5 6 7 8 9
10 11 12 13 14 15 16
17 18 19 20 21 22 23
24 25 26 27 28 29 30
31

September
1 2 3 4 5 6
7 8 9 10 11 12 13
14 15 16 17 18 19 20
21 22 23 24 25 26 27
28 29 30

Oktober
1 2 3 4
5 6 7 8 9 10 11
12 13 14 15 16 17 18
19 20 21 22 23 24 25
26 27 28 29 30 31

November
1
2 3 4 5 6 7 8
9 10 11 12 13 14 15
16 17 18 19 20 21 22
23 24 25 26 27 28 29
30

Dezember
1 2 3 4 5 6
7 8 9 10 11 12 13
14 15 16 17 18 19 20
21 22 23 24 25 26 27
28 29 30 31

---

to celebrate **feiern**
to observe **einhalten**
to mean (by) **verstehen (unter)**
it occurs on a Wednesday **es fällt auf einen Mittwoch**

calendar **der Kalender**
date **das Datum** (*pl.* **die Daten**)
month **der Monat**
Sunday **der Sonntag**
Monday **der Montag**
Tuesday **der Dienstag**
Wednesday **der Mittwoch**
Thursday **der Donnerstag**
Friday **der Freitag**
Saturday **der Sonnabend, der Samstag**
year **das Jahr**
leap year **das Schaltjahr**
school year **das Schuljahr**
hour, time **die Stunde**

minute **die Minute**
second **die Sekunde**
daylight **das Tageslicht**
standard time **die Normalzeit**
daylight saving time **die Sommerzeit**
noon **der Mittag**
midnight **die Mitternacht**
workday **der Arbeitstag**
weekend **das Wochenende**
holiday **der Feiertag**
birthday **der Geburtstag**
name day, saint's day **der Namenstag**
Christmas **Weihnachten, das Weihnachtsfest**
Easter **Ostern, das Osterfest**
New Year's Day **Neujahr, der Neujahrstag**
New Year's Eve **Sylvester**
Independence Day **der Unabhängigkeitstag**

Labor Day **der Arbeiterfeiertag, der Tag der Arbeit**
Memorial Day **der (Toten)gedenktag**
spring **der Frühling, das Frühjahr**
summer **der Sommer**
winter **der Winter**
fall **der Herbst**
equinox **die Tagundnachtgleiche**
vernal equinox **die Frühlingstagundnachtgleiche**
autumnal equinox **die Herbsttagundnachtgleiche**
horoscope **das Horoskop**
history **die Geschichte**
country **das Land**

catholic **katholisch**
legal **gesetzlich, legal**
important **wichtig**
favorite **Lieblings- . . .**
why, why so **wieso**

Der Kalender

Analyse der Zeichnung

1. Ist 1969 ein Schaltjahr? Wieso? Wieso nicht?
2. Welche Monate haben 31 Tage und welche nur 30?
3. Was versteht man unter „Wochenende"? Welche Tage der Woche sind Arbeitstage?
4. Auf welchen Tag der Woche fällt Weihnachten im Jahre 1969? auf welchen der Unabhängigkeitstag?
5. Auf welches Datum fällt im Jahre 1969 der Tag der Arbeit? der Gedenktag? Sylvester?
6. In welchem Monat fällt 1969 ein Freitag auf den dreizehnten?
7. Welche Monate haben im Jahre 1969 die meisten Sonntage?

Ausgangspunkte

8. Wie viele Sekunden hat eine Minute; wie viele Minuten hat eine Stunde; wie viele Stunden hat ein Tag?
9. Wie viele Tage hat eine Woche? Wie viele Wochen, Tage und Monate hat ein Jahr?
10. Das Jahr 1968 war ein Schaltjahr. Wie viele Schaltjahre gab es in Ihrem Leben?
11. Wann ist Ihr Geburtstag?
12. Nennen Sie einen deutschen Feiertag, der in den Vereinigten Staaten nicht eingehalten wird!
13. Was ist eine „Tag- und Nachtgleiche"? In welchen Monaten im Frühjahr, bzw. Herbst findet die Tag- und Nachtgleiche statt?
14. In welchem Monat haben wir den längsten und in welchem den kürzesten Tag des Jahres?
15. Wie viele Stunden liegen zwischen Mittag und Mitternacht?
16. Was ist der Nachteil der Normalzeit im Sommer?
17. Nennen Sie drei wichtige Jahre in der amerikanischen Geschichte!
18. In den katholischen Ländern feiern die meisten Leute ihren Namenstag. Erklären Sie das!
19. Nennen Sie die Winter-, Frühlings-, Sommer- und Herbstmonate!
20. Wessen Geburtstag ist ein gesetzlicher Feiertag in den Vereinigten Staaten? Auf welchen Tag fällt er?

Diskussionsthemen

1. Mein Lieblingsmonat.
2. Die wichtigsten Daten des Schuljahres.
3. Mein Horoskop.

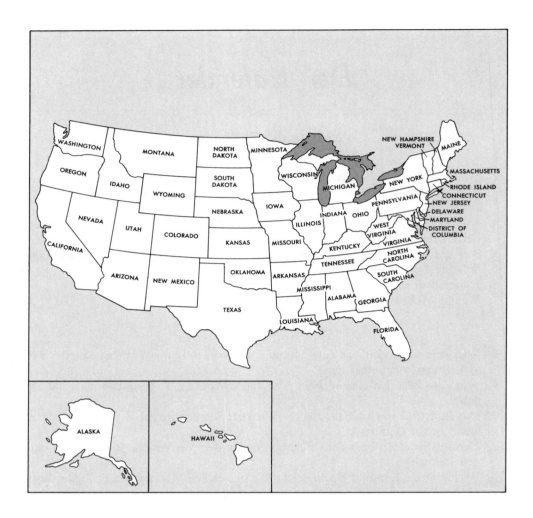

to border (on) **grenzen (an)**	Caribbean Sea **die Karibische See**	constitution **die Verfassung**
to have in common **miteinander ge-**	gulf **der Golf**	law **das Gesetz**
mein haben	sea **das Meer, die See**	power, right **das Recht**
to be located **sich befinden**	state **der Staat**	north **der Norden**
	county **der Landkreis**	south **der Süden**
map **die (Land)karte**	nation **die Nation**	east **der Osten**
U.S.A. **die U.S.A., die Vereinigten**	country **das Land**	west **der Westen**
Staaten von Amerika	city **die Stadt**	location **die Lage**
North America **Nordamerika**	capital **die Hauptstadt**	war **der Krieg**
Midwest **der Mittelwesten**	democracy **die Demokratie**	
New England **Neu-England**	monarchy **die Monarchie**	the most **die meisten**
Mexico **Mexiko**	dictatorship **die Diktatur**	the least **die wenigsten**
Canada **Kanada**	colony **die Kolonie**	unitary **Einheits- . . .**
Great Lakes **die großen Seen**	king **der König**	federal **Bundes- . . ., föderativ**
lake **der See**	queen **die Königin**	constitutional **konstitutionell**
Atlantic Ocean **der Atlantische**	government **die Regierung**	original **ursprünglich**
Ozean	form of government, regime **die**	geographical **geographisch**
Pacific Ocean **der Pazifische Ozean**	**Regierungsform**	the last **der (die, das) letzte**

98

Die Karte der Vereinigten Staaten

Analyse der Zeichnung

1. Beschreiben Sie die Lage von (1) Nevada, (2) Georgia, (3) Illinois!
2. Was haben die Staaten des Mittelwestens miteinander gemein?
3. Was haben Kalifornien, Arizona, New Mexico and Texas miteinander gemein?
4. Wo befindet sich der Golf von Mexiko?   wo die Karibische See?
5. Was haben Hawaii und Alaska miteinander gemein?
6. Wo befindet sich der Atlantische Ozean?   wo der Pazifische Ozean?
7. Was und wo ist Neu-England?
8. Welcher Staat befindet sich im Norden und welcher im Osten von Alabama?
9. Nennen Sie die ursprünglichen 13 Kolonien!
10. Wie viele Staaten bilden die Vereinigten Staaten von Amerika?   Wie heißt die Hauptstadt des Landes?
11. Zeigen Sie auf der Karte den „Süden"!   Welche Staaten grenzen an ihn?
12. Welcher Staat der Vereinigten Staaten grenzt an die meisten und welcher and die wenigsten anderen Staaten?   Welcher an mehr als ein Meer?   welcher an die meisten Seen?

Ausgangspunkte

13. Nennen Sie die Nationen Nordamerikas!
14. Was haben Tallahassee, Carson City und Annapolis miteinander gemein?
15. Was ist eine Verfassung?   Was ist eine Monarchie?
16. Was ist eine konstitutionelle Monarchie?
17. Was ist ein Bundesstaat?   Was ist ein Einheitsstaat?
18. Welche Regierungsform hat Deutschland heute?   Welche hatte es vor dem letzten Krieg?
19. Nennen Sie die größten Städte Deutschlands!
20. Was ist ein Landkreis?

Diskussionsthemen

1. Was versteht man unter den Rechten der Bundesstaaten?
2. Was ist „Demokratie"?
3. Eine geographische Beschreibung von . . . (irgendeinem Land).

to explore **erforschen**	Venus **die Venus**	astronaut **der Astronaut**
to travel **reisen, fahren**	Mars **der Mars**	capsule **die Kapsel**
to shine **scheinen**	Jupiter **der Jupiter**	distance (to) **die Entfernung, der**
to twinkle **blinken**	Saturn **der Saturn**	**Abstand (zu)**
to reflect **reflektieren, widerspiegeln**	Uranus **der Uranus**	order, sequence **die Reihenfolge**
to rotate (around) **sich drehen (um),**	Neptune **der Neptun**	light **das Licht**
rotieren	Pluto **der Pluto**	light year **das Lichtjahr**
	Milky Way **die Milchstraße**	infinity **die Unendlichkeit**
	Big Dipper, Ursa Major **der große**	axis **die Achse**
firmament **das Firmament**	**Bär, der große Wagen**	rotation **die Drehung, die Umdre-**
universe **das Universum**	ring **der Ring**	**hung, die Rotation**
sky, heaven(s) **der Himmel**	nebula **der Nebelfleck**	exploration, research **die Forschung**
solar system **das Sonnensystem**	shooting star, falling star **die Stern-**	future **die Zukunft**
outer space **der Weltraum**	**schnuppe**	group **die Gruppe**
sun **die Sonne**	atmosphere **die Atmosphäre**	sentence **der Satz**
moon **der Mond**	eclipse **die Finsternis**	initial letter **der Anfangsbuchstabe**
star **der Stern**	rocket **die Rakete, das Raketenge-**	
constellation **das Sternbild**	**schoß**	
planet **der Planet**	guided missile **die ferngesteuerte**	simplified **vereinfacht**
Mercury **der Merkur**	**Rakete**	corresponding **entsprechend**
earth **die Erde**	atomic bomb **die Atombombe**	aside from **außer** (*Dat.*)

Das Firmament

Analyse der Zeichnung

1. Welches Sternbild kann man auf einem der Bilder sehen?
2. Welchen Gegenstand sieht man im Weltraum auf dem Bild von der Erde?
3. Welche Planeten kann man auf den Bildern sehen?
4. Was kann man außer den Planeten noch sehen?

Ausgangspunkte

5. Die Anfangsbuchstaben der Wörter in dem englischen Satz „*M*ary's *v*ivacious *e*yes *m*ade *J*ohn *s*it *up* *n*ights *p*ining" sind auch die Anfangsbuchstaben der neun Planeten in der Reihenfolge ihres Abstands zur Sonne. Erfinden Sie einen entsprechenden deutschen Satz!
6. Was ist eine Mondfinsternis?
7. Was versteht man unter dem Sonnensystem?
8. Was ist ein Sternbild?
9. Erklären Sie den Unterschied zwischen dem Licht eines Planeten und dem eines Sterns!
10. Meinen Sie, daß der Planet Mars jemals von Menschen erforscht werden kann? Wenn ja, wann? Wenn nicht, warum nicht?
11. Was ist ein Astronaut?
12. Wie kommt ein Astronaut in den Weltraum?
13. Was ist ein Lichtjahr?
14. Erklären Sie den Unterschied zwischen der Rotation der Erde und der des Mondes!
15. Wie hilft uns die Atombombe, die Sonne zu verstehen?
16. Welches ist der größte und welches ist der kleinste Planet? Welcher Planet hat Ringe?
17. Was ist die Milchstraße?
18. Was ist eine Sternschnuppe?
19. Warum könnte ein Mensch nicht auf dem Mond leben?
20. Warum ist es sehr schwer, die Unendlichkeit zu verstehen?

Diskussionsthemen

1. Die Planeten unseres Sonnensystems.
2. Eine vereinfachte Beschreibung des Universums.
3. Was kann die Zukunft in der Weltraumforschung bringen?

Anhang

AUXILIARY VERBS

INFINITIVE

haben	**sein**	**werden**

PAST PARTICIPLE

gehabt	gewesen	geworden

PRESENT INDICATIVE

ich habe	ich bin	ich werde
du hast	du bist	du wirst
er hat	er ist	er wird
wir haben	wir sind	wir werden
ihr habt	ihr seid	ihr werdet
sie haben	sie sind	sie werden

SIMPLE PAST

ich hatte	ich war	ich wurde
du hattest	du warst	du wurdest
er hatte	er war	er wurde
wir hatten	wir waren	wir wurden
ihr hattet	ihr wart	ihr wurdet
sie hatten	sie waren	sie wurden

FUTURE INDICATIVE

ich werde haben	ich werde sein	ich werde werden
du wirst haben	du wirst sein	du wirst werden
er wird haben	er wird sein	er wird werden
wir werden haben	wir werden sein	wir werden werden
ihr werdet haben	ihr werdet sein	ihr werdet werden
sie werden haben	sie werden sein	sie werden werden

COMPOUND PAST

ich habe gehabt	ich bin gewesen	ich bin geworden
du hast gehabt	du bist gewesen	du bist geworden
er hat gehabt	er ist gewesen	er ist geworden
wir haben gehabt	wir sind gewesen	wir sind geworden
ihr habt gehabt	ihr seid gewesen	ihr seid geworden
sie haben gehabt	sie sind gewesen	sie sind geworden

ich hatte gehabt	ich war gewesen	ich war geworden
du hattest gehabt	du warst gewesen	du warst geworden
er hatte gehabt	er war gewesen	er war geworden
wir hatten gehabt	wir waren gewesen	wir waren geworden
ihr hattet gehabt	ihr wart gewesen	ihr wart geworden
sie hatten gehabt	sie waren gewesen	sie waren geworden

FUTURE PERFECT

ich werde gehabt haben	ich werde gewesen sein
du wirst gehabt haben	du wirst gewesen sein
er wird gehabt haben	er wird gewesen sein
wir werden gehabt haben	wir werden gewesen sein
ihr werdet gehabt haben	ihr werdet gewesen sein
sie werden gehabt haben	sie werden gewesen sein

ich werde geworden sein
du wirst geworden sein
er wird geworden sein
wir werden geworden sein
ihr werdet geworden sein
sie werden geworden sein

PRESENT SUBJUNCTIVE I

ich habe	ich sei	ich werde
du habest	du seiest	du werdest
er habe	er sei	er werde
wir haben	wir seien	wir werden
ihr habet	ihr seiet	ihr werdet
sie haben	sie seien	sie werden

PRESENT SUBJUNCTIVE II

ich hätte	ich wäre	ich würde
du hättest	du wärest	du würdest
er hätte	er wäre	er würde
wir hätten	wir wären	wir würden
ihr hättet	ihr wäret	ihr würdet
sie hätten	sie wären	sie würden

PAST SUBJUNCTIVE I

ich habe gehabt	ich sei gewesen	ich sei geworden
du habest gehabt	du seiest gewesen	du seiest geworden
er habe gehabt	er sei gewesen	er sei geworden
wir haben gehabt	wir seien gewesen	wir seien geworden
ihr habet gehabt	ihr seiet gewesen	ihr seiet geworden
sie haben gehabt	sie seien gewesen	sie seien geworden

PAST SUBJUNCTIVE II

ich hätte gehabt	ich wäre gewesen	ich wäre geworden
du hättest gehabt	du wärest gewesen	du wärest geworden
er hätte gehabt	er wäre gewesen	er wäre geworden
wir hätten gehabt	wir wären gewesen	wir wären geworden
ihr hättet gehabt	ihr wäret gewesen	ihr wäret geworden
sie hätten gehabt	sie wären gewesen	sie wären geworden

ich werde haben	ich werde sein	ich werde werden
du werdest haben	du werdest sein	du werdest werden
er werde haben	er werde sein	er werde werden
wir werden haben	wir werden sein	wir werden werden
ihr werdet haben	ihr werdet sein	ihr werdet werden
sie werden haben	sie werden sein	sie werden werden

CONDITIONAL

ich würde haben	ich würde sein	ich würde werden
du würdest haben	du würdest sein	du würdest werden
er würde haben	er würde sein	er würde werden
wir würden haben	wir würden sein	wir würden werden
ihr würdet haben	ihr würdet sein	ihr würdet werden
sie würden haben	sie würden sein	sie würden werden

IMPERATIVE

habe!	sei!	werde!
habt!	seid!	werdet!
haben Sie!	seien Sie!	werden Sie!

MODAL AUXILIARIES

dürfen	können	mögen	müssen	sollen	wollen

PRESENT INDICATIVE

ich darf	kann	mag	muß	soll	will
du darfst	kannst	magst	mußt	sollst	willst
er darf	kann	mag	muß	soll	will
wir dürfen	können	mögen	müssen	sollen	wollen
ihr dürft	könnt	mögt	müßt	sollt	wollt
sie dürfen	können	mögen	müssen	sollen	wollen

SIMPLE PAST

ich durfte	konnte	mochte	mußte	sollte	wollte
du durftest	konntest	mochtest	mußtest	solltest	wolltest
er durfte	konnte	mochte	mußte	sollte	wollte
wir durften	konnten	mochten	mußten	sollten	wollten
ihr durftet	konntet	mochtet	mußtet	solltet	wolltet
sie durften	konnten	mochten	mußten	sollten	wollten

FUTURE INDICATIVE

ich werde dürfen (können, mögen, müssen, sollen, wollen), etc.

COMPOUND PAST

ich habe gedurft (gekonnt, gemocht, gemußt, gesollt, gewollt), etc.

ich hatte gedurft (gekonnt, gemocht, gemußt, gesollt, gewollt), etc.

FUTURE PERFECT

ich werde gedurft haben (gekonnt haben, gemocht haben, gemußt haben, gesollt haben, gewollt haben), etc.

PRESENT SUBJUNCTIVE I

ich dürfe	könne	möge	müsse	solle	wolle
du dürfest	könnest	mögest	müssest	sollest	wollest
er dürfe	könne	möge	müsse	solle	wolle
wir dürfen	können	mögen	müssen	sollen	wollen
ihr dürfet	könnet	möget	müsset	sollet	wollet
sie dürfen	können	mögen	müssen	sollen	wollen

PRESENT SUBJUNCTIVE II

ich dürfte (könnte, möchte, müßte, sollte, wollte), etc.

PAST SUBJUNCTIVE I

ich habe gedurft (gekonnt, gemocht, gemußt, gesollt, gewollt), etc.

PAST SUBJUNCTIVE II

ich hätte gedurft (gekonnt, gemocht, gemußt, gesollt, gewollt), etc.

FUTURE SUBJUNCTIVE

ich werde dürfen (können, mögen, müssen, sollen, wollen), etc.

CONDITIONAL

ich würde dürfen (können, mögen, müssen, sollen, wollen), etc.

WEAK (regular) AND STRONG (irregular) VERBS

ACTIVE

INFINITIVE

kaufen   **fahren**

PRESENT PARTICIPLE

kaufend   fahrend

PAST PARTICIPLE

gekauft   gefahren

PRESENT INDICATIVE

ich kaufe	ich fahre
du kaufst	du fährst
er kauft	er fährt
wir kaufen	wir fahren
ihr kauft	ihr fahrt
sie kaufen	sie fahren

SIMPLE PAST

ich kaufte	ich fuhr
du kauftest	du fuhrst
er kaufte	er fuhr
wir kauften	wir fuhren
ihr kauftet	ihr fuhrt
sie kauften	sie fuhren

FUTURE INDICATIVE

ich werde kaufen	ich werde fahren
du wirst kaufen	du wirst fahren
er wird kaufen	er wird fahren
wir werden kaufen	wir werden fahren
ihr werdet kaufen	ihr werdet fahren
sie werden kaufen	sie werden fahren

COMPOUND PAST

ich habe gekauft	ich bin gefahren
du hast gekauft	du bist gefahren
er hat gekauft	er ist gefahren
wir haben gekauft	wir sind gefahren
ihr habt gekauft	ihr seid gefahren
sie haben gekauft	sie sind gefahren

PAST PERFECT

ich hatte gekauft	ich war gefahren
du hattest gekauft	du warst gefahren
er hatte gekauft	er war gefahren
wir hatten gekauft	wir waren gefahren
ihr hattet gekauft	ihr wart gefahren
sie hatten gekauft	sie waren gefahren

FUTURE PERFECT

ich werde gekauft haben	ich werde gefahren sein
du wirst gekauft haben	du wirst gefahren sein
er wird gekauft haben	er wird gefahren sein
wir werden gekauft haben	wir werden gefahren sein
ihr werdet gekauft haben	ihr werdet gefahren sein
sie werden gekauft haben	sie werden gefahren sein

PRESENT SUBJUNCTIVE I

ich kaufe	ich fahre
du kaufest	du fahrest
er kaufe	er fahre
wir kaufen	wir fahren
ihr kaufet	ihr fahret
sie kaufen	sie fahren

PRESENT SUBJUNCTIVE II

ich kaufte	ich führe
du kauftest	du führest
er kaufte	er führe
wir kauften	wir führen
ihr kauftet	ihr führet
sie kauften	sie führen

kaufe!	fahre!
kauft!	fahrt!
kaufen Sie!	fahren Sie!

ich habe gekauft	ich sei gefahren
du habest gekauft	du seiest gefahren
er habe gekauft	er sei gefahren
wir haben gekauft	wir seien gefahren
ihr habet gekauft	ihr seiet gefahren
sie haben gekauft	sie seien gefahren

ich hätte gekauft	ich wäre gefahren
du hättest gekauft	du wärest gefahren
er hätte gekauft	er wäre gefahren
wir hätten gekauft	wir wären gefahren
ihr hättet gekauft	ihr wäret gefahren
sie hätten gekauft	sie wären gefahren

ich werde kaufen	ich werde fahren
du werdest kaufen	du werdest fahren
er werde kaufen	er werde fahren
wir werden kaufen	wir werden fahren
ihr werdet kaufen	ihr werdet fahren
sie werden kaufen	sie werden fahren

ich würde kaufen	ich würde fahren
du würdest kaufen	du würdest fahren
er würde kaufen	er würde fahren
wir würden kaufen	wir würden fahren
ihr würdet kaufen	ihr würdet fahren
sie würden kaufen	sie würden fahren

geliebt werden	**gesehen werden**

ich werde geliebt	ich werde gesehen
du wirst geliebt	du wirst gesehen
er wird geliebt	er wird gesehen
wir werden geliebt	wir werden gesehen
ihr werdet geliebt	ihr werdet gesehen
sie werden geliebt	sie werden gesehen

ich wurde geliebt	ich wurde gesehen
du wurdest geliebt	du wurdest gesehen
er wurde geliebt	er wurde gesehen
wir wurden geliebt	wir wurden gesehen
ihr wurdet geliebt	ihr wurdet gesehen
sie wurden geliebt	sie wurden gesehen

ich werde geliebt werden
du wirst geliebt werden
er wird geliebt werden
wir werden geliebt werden
ihr werdet geliebt werden
sie werden geliebt werden

ich werde gesehen werden
du wirst gesehen werden
er wird gesehen werden
wir werden gesehen werden
ihr werdet gesehen werden
sie werden gesehen werden

COMPOUND PAST

ich bin geliebt worden
du bist geliebt worden
er ist geliebt worden
wir sind geliebt worden
ihr seid geliebt worden
sie sind geliebt worden

ich bin gesehen worden
du bist gesehen worden
er ist gesehen worden
wir sind gesehen worden
ihr seid gesehen worden
sie sind gesehen worden

PAST PERFECT

ich war geliebt worden
du warst geliebt worden
er war geliebt worden
wir waren geliebt worden
ihr wart geliebt worden
sie waren geliebt worden

ich war gesehen worden
du warst gesehen worden
er war gesehen worden
wir waren gesehen worden
ihr wart gesehen worden
sie waren gesehen worden

FUTURE PERFECT

ich werde geliebt worden sein
du wirst geliebt worden sein
er wird geliebt worden sein
wir werden geliebt worden sein
ihr werdet geliebt worden sein
sie werden geliebt worden sein

ich werde gesehen worden sein
du wirst gesehen worden sein
er wird gesehen worden sein
wir werden gesehen worden sein
ihr werdet gesehen worden sein
sie werden gesehen worden sein

PRESENT SUBJUNCTIVE I

ich werde geliebt
du werdest geliebt
er werde geliebt, etc.

ich werde gesehen
du werdest gesehen
er werde gesehen, etc.

PRESENT SUBJUNCTIVE II

ich würde geliebt
du würdest geliebt
er würde geliebt, etc.

ich würde gesehen
du würdest gesehen
er würde gesehen, etc.

PAST SUBJUNCTIVE I

ich sei geliebt worden
du seiest geliebt worden
er sei geliebt worden, etc.

ich sei gesehen worden
du seiest gesehen worden
er sei gesehen worden, etc.

PAST SUBJUNCTIVE II

ich wäre geliebt worden
du wärest geliebt worden
er wäre geliebt worden, etc.

ich wäre gesehen worden
du wärest gesehen worden
er wäre gesehen worden, etc.

CONDITIONAL

ich würde geliebt werden
du würdest geliebt werden
er würde geliebt werden, etc.

ich würde gesehen werden
du würdest gesehen werden
er würde gesehen werden, etc.

109

REFLEXIVE VERBS

sich fürchten	sich helfen

PRESENT INDICATIVE

ich fürchte mich	ich helfe mir
du fürchtest dich	du hilfst dir
er fürchtet sich	er hilft sich
wir fürchten uns	wir helfen uns
ihr fürchtet euch	ihr helft euch
sie fürchten sich	sie helfen sich

For the formation of other tenses, follow the conjugations on pages 106–109.

IRREGULAR VERBS

INFINITIVE	SIMPLE PAST	PAST PART.	3RD SG. PRES.
backen (bake)	backte (buk)	gebacken	bäckt
befehlen (command)	befahl	befohlen	befiehlt
befleißen, sich (apply oneself)	befliß	beflissen	
beginnen (begin)	begann	begonnen	
beißen (bite)	biß	gebissen	
bergen (hide)	barg	geborgen	birgt
bersten (burst)	barst	ist geborsten	birstet
betrügen (deceive)	betrog	betrogen	
beweisen (prove)	bewies	bewiesen	
biegen (bend)	bog	gebogen	
bieten (offer)	bot	geboten	
binden (bind)	band	gebunden	
bitten (beg, request)	bat	gebeten	
blasen (blow)	blies	geblasen	bläst
bleiben (remain, stay)	blieb	ist geblieben	
bleichen (bleach)	blich	geblichen	
braten (roast)	briet	gebraten	brät
brechen (break)	brach	gebrochen	bricht
brennen (burn)	brannte	gebrannt	
bringen (bring, take)	brachte	gebracht	
denken (think)	dachte	gedacht	
dreschen (thrash)	drosch	gedroschen	drischt
dringen (penetrate)	drang	(ist) gedrungen	
empfangen (receive)	empfing	empfangen	empfängt
erlöschen (go out, become extinct [light, flame])	erlosch	ist erloschen	
erscheinen (appear)	erschien	ist erschienen	
erschrecken (be startled)	erschrak	ist erschrocken	erschrickt
essen (eat)	aß	gegessen	ißt
fahren (drive, ride)	fuhr	(ist) gefahren	fährt
fallen (fall)	fiel	ist gefallen	fällt
fangen (catch)	fing	gefangen	fängt
fechten (fence; fight)	focht	gefochten	ficht
finden (find)	fand	gefunden	
flechten (plait, braid)	flocht	geflochten	flicht
fliegen (fly)	flog	(ist) geflogen	
fliehen (flee)	floh	ist geflohen	

INFINITIVE	SIMPLE PAST	PAST PART.	3RD SG. PRES.
fließen (*flow*)	floß	ist geflossen	
fressen (*eat*)	fraß	gefressen	frißt
frieren (*be cold; freeze*)	fror	gefroren	
gären (*ferment*)	gor	(ist) gegoren	
	(gärte)	(gegärt)	
gebären (*give birth to*)	gebar	geboren	gebiert
geben (*give*)	gab	gegeben	gibt
gedeihen (*thrive*)	gedieh	ist gediehen	
gefallen (*please*)	gefiel	gefallen	gefällt
gehen (*go*)	ging	ist gegangen	
gelingen (*succeed*)	gelang	ist gelungen	
gelten (*be worth, be considered*)	galt	gegolten	gilt
genesen (*recover*)	genas	ist genesen	
genießen (*enjoy*)	genoß	genossen	
geschehen (*happen*)	geschah	ist geschehen	geschieht
gestehen (*confess*)	gestand	gestanden	
gewinnen (*win*)	gewann	gewonnen	
gießen (*pour*)	goß	gegossen	
gleichen (*resemble*)	glich	geglichen	
gleiten (*slide, slip*)	glitt	ist geglitten	
glimmen (*glow*)	glomm	geglommen	
graben (*dig*)	grub	gegraben	gräbt
greifen (*grasp, grip*)	griff	gegriffen	
haben (*have*)	hatte	gehabt	hat
halten (*hold; stop*)	hielt	gehalten	hält
hängen (*hang*)	hing	gehangen	hängt
hauen (*beat; hew*)	hieb	gehauen	
heben (*lift, raise*)	hob	gehoben	
heißen (*be called*)	hieß	geheißen	
helfen (*help*)	half	geholfen	hilft
kennen (*know*)	kannte	gekannt	
klimmen (*climb*)	klomm	ist geklommen	
klingen (*sound, tinkle*)	klang	geklungen	
kneifen (*pinch*)	kniff	gekniffen	
kommen (*come*)	kam	ist gekommen	
kriechen (*creep, crawl*)	kroch	ist gekrochen	
laden (*load*)	lud	geladen	lädt
lassen (*let; cause*)	ließ	gelassen	läßt
laufen (*run*)	lief	ist gelaufen	läuft
leiden (*suffer*)	litt	gelitten	
leihen (*lend*)	lieh	geliehen	
lesen (*read*)	las	gelesen	liest
liegen (*lie, be lying*)	lag	gelegen	
lügen (*tell a lie*)	log	gelogen	
mahlen (*grind*)	mahlte	gemahlen	
meiden (*avoid*)	mied	gemieden	
melken (*milk*)	molk	gemolken	
	(melkte)	(gemelkt)	
messen (*measure*)	maß	gemessen	mißt
nehmen (*take*)	nahm	genommen	nimmt
nennen (*name, call*)	nannte	genannt	
pfeifen (*whistle*)	pfiff	gepfiffen	
preisen (*praise*)	pries	gepriesen	
quellen (*gush forth*)	quoll	ist gequollen	quillt

INFINITIVE	SIMPLE PAST	PAST PART.	3RD SG. PRES.
raten (*advise; guess*)	riet	— geraten	rät
reiben (*rub*)	rieb	gerieben	
reißen (*tear, rend*)	riß	gerissen	
reiten (*ride horseback*)	ritt	(ist) geritten	
rennen (*run*)	rannte	ist gerannt	
riechen (*smell*)	roch	gerochen	
ringen (*struggle, wrestle*)	rang	gerungen	
rinnen (*trickle*)	rann	ist geronnen	
rufen (*call*)	rief	gerufen	
salzen (*salt*)	salzte	gesalzen (gesalzt)	
saufen (*drink*)	soff	gesoffen	
saugen (*suck*)	sog (saugte)	gesogen (gesaugt)	
schaffen (*create*)	schuf	geschaffen	
scheiden (*part*)	schied	(ist) geschieden	
scheinen (*shine; seem*)	schien	geschienen	
schelten (*scold*)	schalt	gescholten	schilt
scheren (*shear*)	schor	geschoren	
schieben (*push*)	schob	geschoben	
schießen (*shoot*)	schoß	geschossen	
schlafen (*sleep*)	schlief	geschlafen	schläft
schlagen (*beat, hit, strike*)	schlug	geschlagen	schlägt
schleichen (*sneak*)	schlich	ist geschlichen	
schleifen (*sharpen*)	schliff	geschliffen	
schließen (*close*)	schloß	geschlossen	
schlingen (*sling*)	schlang	geschlungen	
schmeißen (*throw*)	schmiß	geschmissen	
schmelzen (*melt*)	schmolz	(ist) geschmolzen	schmilzt
schneiden (*cut*)	schnitt	geschnitten	
schreiben (*write*)	schrieb	geschrieben	
schreien (*shout, scream*)	schrie	geschrie(e)n	
schreiten (*stride*)	schritt	ist geschritten	
schweigen (*be silent*)	schwieg	geschwiegen	
schwellen (*swell*)	schwoll	ist geschwollen	schwillt
schwimmen (*swim*)	schwamm	(ist) geschwommen	
schwinden (*dwindle*)	schwand	ist geschwunden	
schwingen (*swing*)	schwang	geschwungen	
schwören (*swear*)	schwor	geschworen	
sehen (*see*)	sah	gesehen	sieht
sein (*be*)	war	ist gewesen	ist
senden (*send*)	sandte (sendete)	gesandt (gesendet)	
sieden (*boil*)	sott (siedete)	gesotten (gesiedet)	
singen (*sing*)	sang	gesungen	
sinken (*sink*)	sank	ist gesunken	
sinnen (*meditate*)	sann	gesonnen	
sitzen (*sit*)	saß	gesessen	
speien (*spit*)	spie	gespie(e)n	
spinnen (*spin*)	spann	gesponnen	
sprechen (*speak*)	sprach	gesprochen	spricht
sprießen (*sprout*)	sproß	ist gesprossen	
springen (*jump*)	sprang	ist gesprungen	

INFINITIVE	SIMPLE PAST	PAST PART.	3RD SG. PRES.
stechen (*prick, sting*)	stach	gestochen	sticht
stehen (*stand*)	stand	gestanden	
stehlen (*steal*)	stahl	gestohlen	stiehlt
steigen (*climb, ascend*)	stieg	ist gestiegen	
sterben (*die*)	starb	ist gestorben	stirbt
stinken (*stink*)	stank	gestunken	
stoßen (*push*)	stieß	gestoßen	stößt
streichen (*stroke; paint*)	strich	gestrichen	
streiten (*fight, quarrel*)	stritt	gestritten	
tragen (*carry; wear*)	trug	getragen	trägt
treffen (*meet; hit*)	traf	getroffen	trifft
treiben (*drive*)	trieb	getrieben	
treten (*kick; step*)	trat	(ist) getreten	tritt
trinken (*drink*)	trank	getrunken	
tun (*do*)	tat	getan	
verbergen (*hide*)	verbarg	verborgen	verbirgt
verbieten (*forbid*)	verbot	verboten	
verderben (*spoil*)	verdarb	verdorben	verdirbt
vergessen (*forget*)	vergaß	vergessen	vergißt
verlieren (*lose*)	verlor	verloren	
vermeiden (*avoid*)	vermied	vermieden	
vermögen (*be able*)	vermochte	vermocht	vermag
verzeihen (*forgive; excuse*)	verzieh	verziehen	
wachsen (*grow*)	wuchs	ist gewachsen	wächst
waschen (*wash*)	wusch	gewaschen	wäscht
weben (*weave*)	wob	gewoben	
	(webte)	(gewebt)	
weisen (*show, point to*)	wies	gewiesen	
wenden (*turn*)	wandte	gewandt	
	(wendete)	(gewendet)	
werben (*solicit, recruit*)	warb	geworben	wirbt
werben (um) (*court*)	warb	geworben	wirbt
werden (*become, get*)	wurde	ist geworden	wird
werfen (*throw*)	warf	geworfen	wirft
wiegen (*weigh*)	wog	gewogen	
winden (*wind*)	wand	gewunden	
wissen (*know*)	wußte	gewußt	weiß
ziehen (*pull; go, march*)	zog	(ist) gezogen	
zwingen (*force*)	zwang	gezwungen	

PERSONAL PRONOUNS

SINGULAR

NOM.	ich	du	er	sie	es	man
GEN.	(meiner)	(deiner)	(seiner)	(ihrer)	(seiner)	—
DAT.	mir	dir	ihm	ihr	ihm	einem
ACC.	mich	dich	ihn	sie	es	einen

PLURAL

NOM.	wir	ihr		sie	Sie
GEN.	(unserer)	(euerer)		(ihrer)	(Ihrer)
DAT.	uns	euch		ihnen	Ihnen
ACC.	uns	euch		sie	Sie

INTERROGATIVE PRONOUNS <u>wer</u> AND <u>was</u>

NOM.	wer	was
GEN.	wessen	—
DAT.	wem	—
ACC.	wen	was

DER-WORDS

dieser	*this*	mancher	*many a*
jeder	*each*, *every* (plural: alle)	solcher	*such a*
jener	*that*	welcher	*which*, *what*

DECLENSION OF <u>der</u> AND <u>dieser</u>

SINGULAR

der	die	das	dieser	diese	dieses
des	der	des	dieses	dieser	dieses
dem	der	dem	diesem	dieser	diesem
den	die	das	diesen	diese	dieses

PLURAL (ALL GENDERS)

die		diese
der		dieser
den		diesen
die		diese

DECLENSION OF <u>der</u> AND <u>welcher</u> AS RELATIVE PRONOUNS

SINGULAR

der	die	das	welcher	welche	welches
dessen	deren	dessen	—	—	—
dem	der	dem	welchem	welcher	welchem
den	die	das	welchen	welche	welches

PLURAL (ALL GENDERS)

die		welche
deren		—
denen		welchen
die		welche

EIN-WORDS

ein	*a, an*	unser	*our*	
kein	*not a, no*	euer	*your*	
mein	*my*	ihr	*their*	
dein	*your*	Ihr	*your* (conventional)	
sein	*his, its*			
ihr	*her, its*			
sein	*its, his, her*			

DECLENSION OF EIN-WORDS

	SINGULAR		PLURAL (ALL GENDERS)
ein	eine	ein	keine
eines	einer	eines	keiner
einem	einer	einem	keinen
einen	eine	ein	keine

DECLENSION OF EIN-WORDS USED AS PRONOUNS
(declined like der)

	SINGULAR		PLURAL (ALL GENDERS)
einer	eine	eines	keine
eines	einer	eines	keiner
einem	einer	einem	keinen
einen	eine	eines	keine

STRONG ADJECTIVE ENDINGS
(not preceded by der- or ein-word)

SINGULAR

guter Kaffee	heiße Suppe	kaltes Wasser
guten Kaffees	heißer Suppe	kalten Wassers
gutem Kaffee	heißer Suppe	kaltem Wasser
guten Kaffee	heiße Suppe	kaltes Wasser

PLURAL

gute Männer (Frauen, Kinder)
guter Männer (Frauen, Kinder)
guten Männern (Frauen, Kindern)
gute Männer (Frauen, Kinder)

WEAK ADJECTIVE ENDINGS
(after der-word)

SINGULAR

der große Mann	die schöne Frau	das kleine Kind
des großen Mannes	der schönen Frau	des kleinen Kindes
dem großen Mann	der schönen Frau	dem kleinen Kind
den großen Mann	die schöne Frau	das kleine Kind

PLURAL

die guten Männer (Frauen, Kinder)
der guten Männer (Frauen, Kinder)
den guten Männern (Frauen, Kindern)
die guten Männer (Frauen, Kinder)

ADJECTIVE ENDINGS AFTER EIN-WORDS

SINGULAR

ein großer Mann	eine schöne Frau	ein kleines Kind
eines großen Mannes	einer schönen Frau	eines kleinen Kindes
einem großen Mann	einer schönen Frau	einem kleinen Kind
einen großen Mann	eine schöne Frau	ein kleines Kind

PLURAL
keine **guten** Männer (Frauen, Kinder)
keiner **guten** Männer (Frauen, Kinder)
keinen **guten** Männern (Frauen, Kindern)
keine **guten** Männer (Frauen, Kinder)

PREPOSITIONS USED WITH THE GENITIVE

anstatt, statt	*instead of*	diesseits	*this side of*
trotz	*in spite of*	jenseits	*that side of*
um . . . willen	*for the sake of*	oberhalb	*above*
während	*during*	unterhalb	*below*
wegen	*because of*	innerhalb	*within*
		außerhalb	*outside of*

PREPOSITIONS USED WITH THE DATIVE ONLY

aus	*out of*	mit	*with*
außer	*besides, except*	nach	*after, to, according to*
bei	*near, at (someone's house)*	seit	*since, for (temporal)*
entgegen	*toward*	von	*from, by*
gegenüber	*opposite, toward*	zu	*to*

PREPOSITIONS USED WITH THE ACCUSATIVE ONLY

durch	*through, by means of*	ohne	*without*
für	*for*	um	*around, at (time)*
gegen	*against*	wider	*against*

PREPOSITIONS USED WITH THE DATIVE OR ACCUSATIVE

an	*on, at, to*	über	*over, above, via*
auf	*on, upon*	unter	*under, among*
hinter	*behind*	vor	*before, in front of*
in	*in, into*	zwischen	*between*
neben	*beside, next to*		

N U M E R A L S

	CARDINALS	ORDINALS
0	null	
1	eins	der, die, das erste
2	zwei	zweite
3	drei	dritte
4	vier	vierte
5	fünf	fünfte
6	sechs	sechste
7	sieben	sieb(en)te
8	acht	achte
9	neun	neunte
10	zehn	zehnte
11	elf	elfte
12	zwölf	zwölfte
13	dreizehn	dreizehnte
14	vierzehn	vierzehnte
15	fünfzehn	fünfzehnte
16	sechzehn	sechzehnte
17	siebzehn	siebzehnte
18	achtzehn	achtzehnte
19	neunzehn	neunzehnte
20	zwanzig	zwanzigste
21	einundzwanzig	einundzwanzigste
22	zweiundzwanzig	zweiundzwanzigste
30	dreißig	dreißigste
40	vierzig	vierzigste
50	fünfzig	fünfzigste
60	sechzig	sechzigste
70	siebzig	siebzigste
80	achtzig	achtzigste
90	neunzig	neunzigste
100	hundert	hundertste
101	hunderteins	hunderterste
121	hunderteinundzwanzig	hunderteinundzwanzigste
200	zweihundert	zweihundertste
1000	tausend	tausendste

eine Million	*one million*
zwei Millionen	*two million*
eine Milliarde	*one billion*
eine Billion	*1000 billions*